위뷔와 진실 위원회

남아공의 인형극

제인 테일러 작 / 정근식·이문희 역

景仁文化社

차 례

진실과 화해

1996년 초, 남아프리카 공화국이 최초의 범인종적 국민투표를 실시한 지 거의 정확하게 2년 후, 진실과 화해 위원회(Truth and Reconciliation Commission, TRC)가 출범하였다. 위원회는 중대한 임무를 맡고 있었다. 그것은 남아공에서 아파르트헤이트 (흑백분리) 시대에 자행된 인권 침해 사건들의 가해자, 피해자, 혹은 생존자들로부터 증언을 이끌어 내어 전국민적인 심판을 받도록 하는 것이었다. 이러한 절차를 밟는 목적은 여러 가지이다. 잃어 버린 역사를 복원하고, 고통받은 자들에게는 보상을, 그 정치적 목적에 부합하는 일들에는 사면을 주기 위한 것이다. 이보다 더 큰 목적 중 하나는 위원회를 통해 전 국민적 화해가 이루어질 수 있는 맥락을 창출하는 것이다.

위원회를 지켜보면서 나를 사로잡은 것은, 개인의 서사가 더 큰 국민적 서사를 대표하게 되는 방식이었다. 개인적 슬픔과 상실, 승리와 위반의 이야기들은 현재 남아공의 근대사를 대신하고 있다. 역사와 개인사가 합쳐지게 된 것이다. 이는 중대한 변화인데, 왜냐하면 민중 저항이 이루어지던 과거 수십년 동안 개인적인 고통은 민중 해방이라는 거대한 목표에 가려 감추어져 왔기 때문이다. 그러나 이제 우리는 개별 증언들 속에서 기억과 애도를 구조화하는, 언어와 사고의 매우 사적인 패턴들을 발견할 수 있다.

기획의 시초

위뷔와 진실 위원회의 기원은 몇 가지로 생각할 수 있다. 어떤 것들은 핸드스프링 퍼펫 컴퍼니와 다른 기획들로부터 비롯되었고 어떤 것들은 연출자 윌리엄 켄트리지에게서 나왔다. 여기서는 내가 시작한 일들만을 설명하기로 하겠다. 1996년 나는 폴트 라인(Fault Line)이라는 일련의 문화 운동을 시작했는데, 이 운동은 학술 및 예술 회의, 학생 라디오 프로젝트, 지역 예술 주도 및 TRC 관련 미디어 워크샵 등과 함께, 보상, 기억과 애도 및 전쟁 범죄와 관련된 미술 전시, 남아공과 독일, 칠레, 이스라엘, 노르웨이, 네덜란드, 포르투갈, 캐나다, 수단 및 짐바브웨 시인들의 시 낭송회를 포함한 다양한 이벤트 프로그램이었다. 나의 목적은 복합적이었다. 우선, 진실과 화해 위원회를 둘러싼 논쟁을 용이하게 풀어 가기 위하여 예술가들이 할 수 있는 역할을 전면에 내세우고 싶었다. 예술가들이 배신과 사디즘, 마조히즘, 기억 등의 문제를 빈번히 다루고 있다는 전제하에, 나는 예술이 이 과정에 기여할 수 있는 것을 무시한다면 엄청나게 가치 있는 자원을 낭비하는 것이라고 느꼈다. 나아가, 왜 우리는 서로 배신하고 학대하는가와 같은 어렵고도 폭발력이 있는 질문들이 예술을 통해서 제기된다면, TRC 자체의 취약한 법적 정치적 과정을 보다 굳건하게 다질 수도 있으리라는 것이 나의 느낌이었다.

알프레드 쟈리와 그의 위뷔

위뷔시리즈의 최초의 작품은 프랑스의 극 문화에서 전설적인 지위를 차지하고 있다. 1888년 알프레드 쟈리는 친구인 앙리 모렝의 짧은 해학극을 각색하였는데, 원작은 이들의 과학 선생님을 폴란드의 왕에 비유한 것이었다. 쟈리의 작품은 인형극을 위해 착상되었다. 8년 후 위뷔왕(Ubu Roi)이라는 완성된 개작이 파리에서 대중 공연을 통해 최초로 상연되었다. 이 공연 직후 극장에서 일어난 폭동은 쟈리 일대기의 주된 레퍼토리이다. 그러나 위뷔의 후속편인 "오쟁이진 위뷔(Ubu Cuckolded)"와 "요술에 걸린 위뷔(Ubu Enchanted)"는 둘 다 34년이라는 짧은 생애를 살다 간 쟈리의 생전에는 공연되지 않았다.

위뷔왕의 내용은 거드름 많고 탐욕적인 위뷔의 정치적, 군사적 범죄 경력을 묘사한 것인데, 위뷔는 맥베드에 대한 일종의 패러디로서, 아내와 함께 모든 권력을 독차지하려고 시도한다. 중심 인물인 위뷔는 세상에 대한 유아기적 이해를 지닌 것으로 유명하다. 그는 탐욕적인 자기 만족의 영역에 살고 있다. 연극에는 외설적인 농담이 가득하고, 그 유명한 연극의 시작 대사(씨발!)는 의심할 바 없이 최초의 상연 당일 밤 프랑스 관중의 강렬한 반응을 이끌어 내는데 일조 하였다. 위뷔의 무기는 똥칼(pshittasword)과 똥갈고리(pshittashook)이며, 왕홀은 관행적으로 우리의 공연에서 보게 될 소도구인 변기 솔이 사용된다. 극중 인물들의 이름도 비어적인 의미를 갖는 MacNure, Pissweet, Pissale[1] 등 형형색색이고, 극 중 위뷔는 자신의 양심을 변기에 쳐박아 버리기도 한다. 이러한 유아기적 발작을 지켜보는 관객은 특별한 즐거움을 느끼게 된다. 그러한 즐거움은 쟈리가 발명한 희극(戲劇)적 상황들이 어떠한 결과도 유발하지 않는다는 사실에 기인한다. 위비의 정치적 열망이 아무리 잔인하고 인간관계가 무도할지라도, 이는 그 자신이 주변에 만들어 놓은 소극(笑劇)적 세계에 사는 사람들에게 어떤 중요한 영향도 미치지 못한다. 그는 우리가 어떻게 해서라도 만족시키려 하는 우리의 가장 유치한 분노와 욕망을 행동으로 옮기는 것일 따름이다. 이 점이 특히 우리의 연출이 강조하려고 했던 점이다.

위뷔와 남아프리카 공화국

"위뷔와 진실 위원회"에서 나는 이 인물을 사용하였고, 쟈리에게서 일부 빌어 온 소극 스타일을 사용해서 그의 성격을 묘사하였다. 언어는 일부러 고어를 많이 사용하였는데, 이는 위뷔를 멀리 떨어진 어떤 시대의 형식과 의미를 지닌 세계에 사는 시대착오적인 인물로 설정하기 위한 것이다. 그리고 나서 이 인물은 새로운 체제, 즉 남아공의 진실과 화해 위원회라는 세계 속에 놓여지게 된다. 위뷔는, 남아공 역사 속의 어떤 특

---

1) 이들은 똥(manure), 오줌(Piss) 등의 단어를 변형시킨 것이다. 역자 주.

정 인물을 묘사한다기보다는 특정 측면, 특정 경향, 특정 변명을 상징한다. 그럼에도 불구하고 그는 때때로 우리가 TRC 청문회에서 들었던 것을 생각나게 하는 목소리들을 대변한다. 즉, 나는 그의 언어적 세계를 진실과 화해 과정에서 발생한 실제 증언으로부터 도출된 언어와 비교하였다. 이 증언은 우리로 하여금 아파르트헤이트 시대에 자행된 잔학 행위들의 생존자와 가해자들의 이야기에 접근할 수 있게 해준 청문회에서 이끌어 낸 것이다. 사면을 받으려는 자들과 보상을 요구하는 자들의 증언 사이의 불일치를 경청하던 지난 18개월 동안, 가공할 잔인성이 말 그대로 아무렇지도 않게, 그러한 행동이 인간의 삶에 가져다줄 충격에 대한 어떠한 고려도 없이 그렇게 빈번히 행해질 수 있었다는 사실은 우리를 전율하게 하였다. 통상적으로 가해자들은, 강력히 부인해서인지 혹은 윤리적 상상력이 부족해서인지, 아무런 반응도 보이지 않았지만, 어느 정도 양심이 있는 가해자들은 희생자 혹은 생존자의 가족들과 대면했을 때, 마치 제3자의 입장에서 보았을 때처럼, 그들의 행동이 어떤 영향을 미쳤는가에 놀라워했다. 우리의 목적은 이 극을 통해서 위뷔라는 인물을 소극(笑劇)적 맥락 밖으로 끄집어내어, 행위들이 실제로 어떤 결과들을 야기시키는가를 보여주려는 것이었다. 위뷔가 사용하는 인위적인 고어체의 언어, 운율과 말장난, 과장과 불경스러움들은 주로 TRC 청문회를 통해 기록된, 증인들의 이야기 속에 있는 자세하고 세밀한 묘사들과 대비시킨 것이다. 위뷔는 그의 조국에서 자신이 공격했던 자들과 대면하게 된 것이다.

이는 마치 인과관계가 다른 표현 양식을 통해 극중에 기록되는 것과 같으며, 우리가 채택한 공연 스타일들을 관통하고 있다.

위뷔와 TRC가 만나는 이러한 구조는 우리의 극에 의미를 부여한다. 물론, 매우 특수한 연극적 결과들도 존재한다. 아마도 가장 분명한 것은 우리가 쟈리가 사용한 소극(笑劇)이라는 장르의 부담을 떠안게 되었다는 것이다. 나는 챨리 채플린의 '독재자'에 나타난 윤리를 생각하면서 희극(戲劇)적 관행들을 통해 인권 침해를 다루는 것이 과연 가능한가에 대하여 학생들과 긴 토론을 벌인 기억이 있다. 나는 지금 그때보다 훨씬 복잡하게 생각한다. TRC는 분명히 기념비적인 과정이고, 그 결과를 해명하는 것은 수년이 걸리는 작업이다. 그것은 매우 큰 영향을 미쳤지만, 그 파급력은 분파들에 따라 다르게 그리고 비대칭적으로 스며들었다. 예를 들어 작은 시골 마을에서는 그것이 마을 교회당에서 벌어져 인구의 다수를 끌어들였지만, 대규모 도심에서는 다른 사회적, 경제적 활동에 밀려 주변화되었다.

우리 대부분이 TRC로부터 얻은 정보의 많은 부분은 상업방송과 시트콤, 주간지 프로그램 등등을 통하여 많이 소통되었다. 혼돈과 전이가 되풀이되면서 분노와 동정심 혹은 경악의 다양한 반응이 터져 나왔다. 이러한 정보가 과적(過積)된 상황에서는, 막연한 슬픔이라는 내면적 충격이 지속된다 하더라도 분명한 도덕적 분노의 감정을 유지하기란 쉬운 일이 아니다. 따라서 나는 극을 통해 모호함을 연출하리라고 생각했다. 이는 상실과 고통을 겪은 경험에 관한 모호함이 아니라 그러한 고통에 우리가 어떤 식으로 반응하는가에 관한 모호함이다. 즉 우리 자신의 반응이 문제시되는데, 왜냐하면 결국 우리 속의 무엇이 다른 사람의 슬픔에 관한 이야기를 추구하는 것인지를 질문해야 하기 때문이다. 무엇이 우리로 하여금 고통의 이야기를 쫓아가게 만드는가. 우리는 위뷔의 이야기를 쫓다가 그의 가족 드라마 속으로 유인되고, 그의 자기만족적 논리와 마주치게 된다. 관객으로서 우리는 때때로 그의 말도 안 되는 익살을 조롱함으로써 그와 얽히게 되는데, 이 조롱은 결국 우리 자신을 향하는 것이다.

이것은 극적 구조의 문제를 제기한다. 위뷔와 진실 위원회는 제목이 암시하듯 위뷔를 중심 인물로 설정하고 위원회를 이 주인공과 대립시킨다. 따라서 우리의 대행인은 어떤 의미에서는 악의 대행인이다. 왜 우리는 이러한 선택을 했는가? 세계의 많은 문학작품들이 동일한 선택을 하였다. 밀턴조차도 『실락원』에서 자신이 소위 '악마의 편'에 섰다. 서사(narrative)는 극중 인물에 의존한다. '행하는' 자의 이야기는 '행위를 당한' 자의 이야기보다 설득력 있다. 이것이 우리의 선택에 대한 하나의 이유이다. 다른 이유는 위원회 자체의 성격에 의한 것으로, 위원회는 희생자들을 인권 청문회의 중심 인물로 내세웠다. 우리가 계속해서 듣게 되는 이야기들은 자신의 부당한 고통을 역설하는 방관자들의 이야기이다. 이는 어떤 수준에서는 적절한 것이지만, 결과적으로 정치적 전쟁에서 '의식적인 참여자들'로 설정될 수 있는 사람들의 이야기는 듣지 않는 경향을 초래했다. 우리는 지략있고 정력적이며 유연한 정치 활동가인, 아파르트헤이트의 반대자들의 설명은 강조하지 않는다. 사람들은 슬픔의 논리 속으로 내던져지고, 의미 없는 폭력이 만들어 낸 재난을 설명할 수 없게 된다.

물론 위뷔와 같은 가해자가 우리의 주인공이 된 또다른 이유가 있다. 그와 같은 인물은 우리를 자극하기 때문이다. 그는 친숙하면서도 전혀 이질적인 인물이며, 인간적이면서 동시에 비인간적이다. 그는 가장 극단적인 것에서부터 가장 진부한 것에 이르기까지, 의미의 체계 전체를 제자리에 유지시키는 한계점(limit term)이다.

TRC는 희생자의 사례들을 기록하고 가해자의 사면 신청을 들어주는 이중의 목적을 지니고 있었던 한편, 어떻게 그리고 왜 그러한 인권 학대가 일어날 수 있었는가를 질문할 수 있는 맥락을 창출하는데 효과적인 도구가 되었다. 위뷔의 이야기는 어떤 수준에서 개인적 병증에 관한 하나의 이야기이다. 그러나 그것은 동시에 남부 아프리카 지역에서 자본주의 이데올로기와 제국주의, 인종, 계급, 성, 종교 및 근대화의 관계에 대한 범례이기도 하다.

집필 과정

최초의 단계는 윌리엄 켄트리지, 바질 죤스, 에이드리언 콜러와의 토론에서 시작되었는데, 이때 우리는 TRC를 탐구하는데 위뷔를 사용한다는 원칙에 합의하였다. 그리고 나서 1996년 말에 우리는 핸드스프링 퍼펫 컴퍼니의 배우들과 일련의 워크샵을 열었는데, 이 시기에 나는 배우의 능력에 대해 어느 정도 알게 되었고 인형극의 기본 스타일에 대해 배우기 시작했다. 또한 이 워크샵 기간 동안 머리가 셋 달린 개와 같이 몇몇 비자연주의적 요소의 도입도 논의되었다. 우리는 애니메이션과 인형극 사이에서 새로운 혼성 형식을 자유롭게 실험하는 과정을 끌어들이기도 했다. 즉 그림으로 그린 형상들을 손으로 조작하고, 좀더 관행적인 애니메이션 기법과 같이 이를 프레임별로 촬영하여 개별 그림들의 연속으로 만드는 것이었다. 이 다양한 워크샵들을 통해 참가자들은 우리가 만들어 내는 형식의 가능성에 대해 점점 더 많이 알게 되었다. 내 글도 대부분 이러한 실험들로부터 도출된 것이다. 핸드스프링 퍼펫 컴퍼니와의 작업에서 얻을 수 있었던 중대한 이점들 중 하나는 이들이 지니고 있던 비자연주의적인 형식의 실험들이었는데, 이는 TRC의 방대한 자료들을 소화해야 함에도 불구하고 우리에게 창조적 자유를 허락해 주었다.

워크샵을 통해 우리는 아버지와 어머니 위뷔는 인형 없이 실제 연기자들이 연기하도록 결정했다. 이 인물들은 말하자면 하나의 중심 축에 놓여 있다. 인형들로 표현되는 증인들은 다른 한 축에 존재하면서 이들에게 중대한 의미를 부여한다. 인형들의 동작은 모두 은유적으로 표현되므로 특별한 의미를 갖게 된다. 인형은 그 자체의 기교로 주의를 끌고, 관객은 자신이 보고 있는 현실을 단언하면서 동시에 부인하는 모호한 과정에 기꺼이 빠져들게 된다. 인형은 또한 스스로가 '낱낱이 이야기되고' 있음을 선언한다. 이들은 매우 통렬하고 설득력 있게, 청문회 과정에서 드러난 증언과 번역과 기록의 복잡한 관계를 잡아낸다.

극중 다른 인형들은 부분적으로 쟈리에게서 빌어 온 요소들을 암시한다. 예를 들어, '위뷔 왕'의 후속편인 '오쟁이진 위뷔'에서 쟈리는 세 명의 악마적인 행위자인 팔컨텐츠를 등장시키는데, 이들은 위뷔의 정신병적인 파괴 행위를 돕는다. 이 인물들은 『위뷔와 진실 위원회』에서 파괴와 살육의 도구인 머리가 셋 달린 개로 형상화된다.

집필과정에서 나는 대부분 핸드스프링 퍼펫 컴퍼니의 정교한 꼭두각시 기술뿐만 아니라 윌리엄 켄트리지가 사용하는 특별한 애니메이션 스타일 등 다른 요소들을 고려하였다. 핸드스프링 극단은 등장인물들에게 세심한 표현적 주의를 요구하는 공연 스타일을 가지고 있었는데, 이는 어떤 증언이 삽입되어야 적절한지를 판가름하는데 결정적인 요소가 되었다.

전 세계를 통틀어 열 아홉 번의 진실 위원회가 열렸는데 이 중에서 남아공의 위원회는 최초로 일반 국민에게 공개된 것이었다. 이러한 의미에서 우리의 경우는 예외적이다. 그러나 다른 측면에서, 『위뷔와 진실 위원회』는 단지 남아공의 이야기를 다루고 있는 것만은 아니다. 우리는 전쟁 범죄와 피해 보상, 전 지구적 '평화 유지'의 문제에 비상한 관심을 보이는 시대에 살고 있다. 우리는 점점 더 증언을 들어야 할 의무를 깨달아 가는 듯 싶다. 비록 아직 어떻게 반응해야 할지 결정하지 못했더라도 말이다.

악어의 입

남아공에서는 지금 서류 절단기와 복사기 사이에 전투가 벌어지고 있다. 자신의 과거에 관한 자료들을 없애려는 모든 경찰서장(police general) 밑에는 경찰관들이 앞으로 기소될 것에 대비하여 그 자료들을 복사하고 있다. 나는 무대 위에 서류 절단기를 등장시키고 싶었다. 그러나 시끄럽고 느리게 종이 뭉치를 잘라 내는 진짜 절단기는 그다지 주목을 받을 것 같지 않았다. 대신 빵 슬라이서를 사용해서 서류 절단기를 표현해 볼까도 생각해 보았지만 매일 밤 엄청난 양의 빵들이 잘려지고 낭비될 생각을 하니 엄두가 나지 않았다. 또 서류 절단기를 그려서 애니메이션으로 만들고 스크린에 투영시킬까도 생각해 보았지만 스파게티 자락과도 같은 잘려진 서류들을 그려야 한다는 생각에 망설이게 되었다. 그러자 한가지 생각이 떠올랐다. 우리는 세 마리의 개를 무대에 등장시키기로 했는데, 그 개들에게 잘라내고 싶은 증거들을 먹이는 것은 어떨까? 그러나 그 개들의 입은 너무 작아서 비디오 테이프나 서류 뭉치들을 삼킬 수 없었다. 그래서 우리는 숨기고 싶어하는 것을 무엇이나 삼킬 수 있는 큰 입을 가진 것이 무엇인지 생각해 보았다. 그래서 악어의 입이 등장하게 된 것이다.

진실과 화해 위원회는 남아공에서 막내리는 국민당 정부와 새롭게 출범하는 ANC 정부가 협의한 내용에 따라서 설립된 조사기관이다. 위원회의 핵심활동은 지난 35년간 남아공에서 발생한 인권 침해 사례들을 조사하는 것이다. 먼저 희생자와 생존자들이 위원회에 출두하여 자신이나 가족에게 일어난 일들을 진술하였다(많은 사람들이 살아남지 못하였기 때문에 이들의 어머니나 형제들이 증언을 했다). 두 번째 국면은 인권 침해의 가해자들이 자신이 한 일을 증언하는 사면 청문회였다. 그들의 동기는 무엇인가? 완전히 고백하면 사면을 얻고 지은 죄에 대한 기소나 재판을 면할 수 있다. 여기에 위원회의 아이러니가 존재한다. 자신이 저지른 일에 대한 증거를 더 많이 제출할수록 이들은 점점 더 사면에 가까워지는 동시에 이들이 사면받는 것에 대한 사회적 거부감은 더욱 커지는 것이다.

위원회는 그 자체로 하나의 연극, 혹은 일종의 원형(原型) 연극이다. 청문회는 텔레비전이나 라디오로 중계될 뿐만 아니라 대중에게 공개된다. 많은 청문회가 장엄한 주교복을 입은 투투 대주교의 사회로 진행되었다. 청문회는 도시에서 도시로 돌며 교회당이나 학교 강당에서 치러진다. 각각의 장소에는 동일한 장치가 세워진다. 증인들을 위한 테이블은 위원들의 책상과 같은 높이여서 증인들이 위원들을 올려다보는 일이 없도록 한다. 유리로 된 두 세 개의 부스가 통역자들을 위해 설치된다. '화해를 통한 진실'이라는 커다란 기치가 위원들 뒤의 벽면에 걸려 있다. 증인들이 차례로 등장하여 30분간 증언을 하고, 잠시 멈추고, 울고, 함께 앉아 있던 전문가들에게 위로를 받는다. 증언들은 애통하고, 충격적이다. 청중들은 좌석의 끄트머리에 앉아 하나도 놓치지 않고 경청한다. 이것은 모범적인 시민 극(civic theater)이며, 사회가 어떻게 해서 현재의 상태에 이르게 되었는지를 더 깊게 이해시키는 일종의 정치체(body politic)이며, 사적인 슬픔에 대한 공개 청문회이다. 이 연극은 날마다 이 순간의 질문을 재연한다. 과거에 대한 죄를, 그 기억을 어떻게 처리해야 할 것인가? 매일 징벌의 욕망과 사회적 화해의 필요성이 갈등한다. 위원회와는 아무런 상관이 없는 사람들, 위원회를 통해 드러나는 진실을 부정하고 있는 사람들조차도(이런 사람들은 많다), 열렬히 부인함으로써 이 논쟁에 동참한다.

위원회의 진행과정과 그로부터 도출된 재료들은 남아공에서 만들어진 새로운 연극의 원천이 되었다. 요하네스버그의 마켓 시어터 건물에서는 우리의 근대사와 위원회를 다룬 3편의 연극이 상연되었다.

그러나 위원회라는 일종의 연극이 지닌 힘에 대해서 진짜 연극 일을 하는 우리가 어떻게 그 힘과 경쟁할 수 있을 것인가라는 문제가 제기된다. 물론 우리는 그럴 수도 없고, 그러려고 시도하지도 않는다. 우리 작업의 기원은 매우 다른 것이고, 결과적으로 위원회와 직접적으로 연결된다고 할지라도, 이는 일차적이라기보다는 이차적이다. 우리의 연극은 논쟁 자체가 아니라 논쟁의 반영이다. 기억 자체가 되려고 하기보다는 기억을 이해하기 위한 것이다.

우리의 최근작인 '위뷔와 진실 위원회'의 기원을 간략하게 소개하겠다. 나는 요하네스버그의 핸드스프링 퍼펫 컴퍼니와 함께 애니메이션과 인형과 배우들이 동시에 등장하는 연극을 만드는 일을 몇 년 간 해 왔다. 어떤 심도 있는 미학적 원칙이 있어서가 아니라, 단순히, 나는 애니메이션을 제작하고, 핸드스프링은 인형을 제작하는데, 이 둘을 합치면 어떤 형태가 될 것인지 실험해 보고 싶어서였다. 우리가 1993년에 공연한 작품(Woyzeck on the Highveld)이나 2년 전에 공연한 "아프리카의 파우스트(Faustus in Africa)"를 본 사람도 있을 것이다. 파우스트는 거대한 작업이었기 때문에, 이 일이 끝난 후 핸드스프링 퍼펫 컴퍼니와 나는 최소한의 규모 즉 배우 두 명에, 애니메이션 한 편 정도로 작품을 연출 해 보기로 결심했다. 이는 우리가 할 수 있으면서도 살아남을 수 있는 일이었다. "고도를 기다리며"가 적절한 선택으로 여겨졌다. 럭키와 포조가 '생각하는' 동안 인형들과 애니메이션 한 편 정도가 등장하면 괜찮을 것 같았다. 하지만 우리는 지문에서 쉼표 하나조차도 빼도록 허락하지 않을 베케트 원칙주의자들을 계산에 넣지 못했다. 이후에 우리는 우리가 나름대로 작업할 수 있는 신베케트류의 대본을 어떻게 찾을 것인가를 고민했다. 우리 중에는 대본을 직접 쓸만한 능력과 용기를 지닌 사람이 아무도 없었기 때문이다. 그래서 우리는 파운드 텍스트(Found Text)[2] 작업을 하기로 하였다. 사람들이 극한 상황을 묘사하는 말들 속에서 인간의 경험과 그것을 표현하는 언어와의 근본 관계를 찾아내고 싶었다. 우리는 앙골라와 모잠비크의 시골 정형외과 병원에서 대기하고 있는 지뢰 희생자들의 증언을 수집하는 프로젝트를 시작하기로 했다. 이 프로젝트를 "대기실"이라고 불렀다.

이즈음에 나는 '위뷔 왕'의 파리 최초 상연 백주년 기념 전시회를 위해 쟈리의 위뷔에 대한 동판화 작업을 하고 있었다.

---

2) 파운드 아트는 잡동사니 등을 작품에 사용하는 예술의 한 조류이다. 여기서 파운드 텍스트는 원작에 다른 에피소드들을 덧붙여 혼합한 것을 말한다. 역자 주.

이 동판화들은 칠판 앞에 나체로 서 있는 남자를 소재로 한 것이었다. 칠판에는 쟈리의 위뷔가 뾰족한 머리와 나선형의 창자를 드러낸 채 분필로 그려져 있었다. 동판화 작업을 마친 후 나는 분필로 그려진 쟈리의 인물 그림을 애니메이션으로 만들고 싶어졌다. 그리고 분필화가 애니메이션으로 만들어진다면 그 앞의 인물 역시 그렇게 되어야 한다고 생각했다. 그래서 나는 안무가로 있던 친구에게 위뷔의 모형 그림이 움직이고 있는 스크린 앞에서 무용수 한 명이 추는 춤을 안무해 줄 수 있는지 부탁했다. 이렇게 해서 위뷔 프로젝트가 시작된 것이다. 그러자 공포감이 몰려들었다. 나는 '위뷔'와 '대기실' 프로젝트를 동시에 할 수 없다는 것을 깨달았다. 애니메이션 작업에 필요한 시간이 충분하지 않았던 것이다. 나는 이 둘을 합치지 않을 수 없었다.

이때에 진실 위원회의 청문회가 시작되었고, 파운드 텍스트를 찾고자 한다면 매일 쇄도하는 훌륭한 자원들을 이용할 수 있을 것임이 분명해졌다. 프로젝트에 참여한 사람들에게 이 둘을 합치는 것이 가능하다고 설득하기 시작했을 때에도, 어떤 측면에서는 서로 모순되는 두 프로젝트―진지한 문서자료와 소란스런 희극(戲劇)이라는―가 서로 뜻이 통한다는 것이 분명해지고 있었다. 진실 위원회의 소재들은, 항상 단순한 재미로 그칠 위험이 있는 '위뷔'에 진지함과 기반을 제공하였다. 동시에, 쟈리의 광란과 개방성이라는 개념은 새로운 방식으로 문서자료들에 접근할 수 있게 해 주었고 증언을 새롭게 들을 수 있도록 해주었다. 이로써 우리는 의욕적으로 출발하게 되었다. 작품이 완성되고 무대에 오른 지금에 와서야, 이처럼 출처가 불확실한 것이 정말 작품을 망쳤는지, 아니면 이 이상하고 절반만 논리적인 시작에도 불구하고, 혹은 내가 생각하듯이 오히려 그 때문에, 이러한 대본과 이미지와 문학적 기발함과 다양한 신체적 은유를 찾아낼 수 있었는지 판단할 수 있게 되었다. 이러한 것들은 미지근하게 출발했더라면 얻을 수 없었을 것이다. 우리가 진실 위원회로부터 얻은 소재들에게 어떤 방식으로 고마움을 표할 수 있을까? 나는 의미 있는 메시지를 얻기 위하여 불확실한 것, 우발적인 것, 실제적인 것에 기대는 것이 좋은 방법이라고 생각한다. 이에 대해서는 후술하겠다.

이후에 제기된 문제는 증인들의 이야기를 무대에서 어떻게 다룰 것인가였다. 이는 초기 기획의 파운드 텍스트에 해당한다. 우리는 일찍이 모든 증인들이 인형으로 표현되고 우리가 보통 작업하는 방식으로 인형 조작자들이 대사를 하는 것이 인형과 함께 보이도록 하는 것에 동의하였다. 그리고 어머니와 아버지 위뷔는 실제 배우들이 맡기로 했다.

이러한 결정에 이르기까지는 두 개의 과정을 거쳤다. 우선, 윤리적인 문제가 있었다. 극의 일차적인 소재로 사용되는 이야기를 제공한 사람들에게 우리는 어떤 책임을 져야 하는가? 배우가 증인으로 등장하기에는 거북한 점이 있었다. 관객들의 입장에서는 이야기라는 측면에서 배우를 믿어야 할지 아니면 배우가 아닌, 실제로 존재하는 증인이라는 측면에서 배우를 믿지 말아야 할지 애매해지는 것이다. 인형을 사용하면 이 모순이 명백해진다. 관객들이 나무 인형이나 그 조작자를 실제 증인이라고 생각할 위험이 없어지는 것이다. 인형은 증언을 들을 수 있는 매개가 된다.

그러나 우리가 처음부터 이런 방식으로 인형을 사용하기로

결정한 것은 아니었다. 우리는 시작부터 어머니와 아버지 위
뷔는 실제 배우가 연기해야 한다는 것을 알고 있었다. 최초의
무용・애니메이션이라는 개념의 전제조건이었기 때문이다. 같
은 이유로, 우리는 '대기실' 프로젝트의 전제 조건으로 증인들
을 인형으로 표현하기로 했었다. 공연의 스타일과 관련된 결
정에 이르는 좀더 고귀한 방법인 첫 번째 '윤리적' 방법은 사
후의 정당화일 뿐이다.

　그러나 이러한 결정은 전체적인 의미와 기회들을 다시 생각
하도록 했는데, 가장 중요한 점은 증인들이, 우리가 초기에 계
획했던 증인석 외에도, 위뷔 일생의 상이한 국면에 등장할 수
있었다는 것이었다. 증인들은 또한 극의 중심적인 부분이 된
일련의 기대하지 않은 의미들을 창출했다. 예를 들어, 위뷔가
테이블 위에 누워 있고 그 위에 인형이 등장하여 자식의 죽음
을 증언하는 장면이 있다. 처음에 우리는 증인이 위뷔의 엉덩
이 뒤에 서 있는 것으로 설정했었다. 위뷔의 몸은 기복 있는
배경이 되고, 증인이 이야기하는 장면 뒤로 작은 둔덕이 형성
되도록 말이다. 그리고 나서 우리는 같은 장면에서 증인이 위
뷔의 머리 뒤에 서 있는 것으로 설정해 보았다. 대번에, 증인
의 증언은 단순히 위뷔의 꿈이 되었고 이야기는 증인으로부터
벗어나 위뷔의 고백인 것처럼 되었다. 우리는 다시 증인을 위
뷔의 다리 뒤로 움직였고 위뷔는 다시 배경이 되었다. 그러자
우리는 인형이 이중 이미지를 깨지 않고 위뷔와 얼마나 가까
이 접촉할 수 있는지 보고 싶어졌다. 그리고 아주 근접해도 된
다는 것을 발견했다. 그래서 우리는 증인이 나무로 된 손으로
위뷔의 엉덩이를 만지게 했다. 특이한 상황이 벌어졌다. 우리
는 사면의 광경을 목격하게 된 것이다. 증인은 위뷔를 용서하

고 그가 한 일에 대하여 그를 위로하기까지 하였다. 이것은 전혀 기대하지 않았던 일련의 의미들이었고, 명료한 사고나 재치 있는 창안이 아니라, 실제 극화 작업을 통해 나타난 것이다. 이것이 내가 두 번째로 주장하고자 하는 바이다. 연극의 실제적인 인식론에 대한 믿음, 즉 연극적인 기교와 기술에 의지하고 이를 사용하여 의미를 창출하는 것이다.

이것은 반대로 작용하기도 했다. 애니메이션으로 만들 춤 장면에 대해서 나는 스크린 앞에서 춤추는 실제 배우로 이루어진 인물을 창조하고, 스크린 위에 나타날 도식적 표현 즉 만화로 동일 인물을 그려낼 생각을 분명히 가지고 있었다. 이 둘을 동시에 보여 복합적인 인물을 창출할 셈이었다. 이 생각에 대한 확신이 프로젝트를 시작할 힘이 되었다. 그러나 시작한 지 20분만에 그렇지 않다는 것이 확실해졌다. 동시성(synchronisation)과 시차(parallax), 조명, 과장된 동작 등의 문제로 이 중심 원칙은 실현 불가능해졌고 폐기되었다. 이것이 나의 세 번째 주장이다. 즉, 아무리 좋은 아이디어라 할지라도 추상적인 상태에서는 믿지 말아야 한다는 것이다. 어떤 이미지의 의미를 알고 나서 이를 제작하려고 생각해서는 안된다. 나에게 있어서 어떤 아이디어를 '실현한다'는 것과 그것을 '폐기한다'는 것 사이의 언어적 연관은 단순히 우연적인 것만은 아니다.

이제 연극의 핵심 속에서 우리가 골머리를 앓았던 중심 문제인 증인과 증언의 문제로 돌아가자. 내가 말한 바와 같이 우리는 인형을 사용하는 것으로 문제를 해결했다. 그러나 이것도 간단한 문제는 아니었다. 처음에 우리는 인형을 사용한다는 우리의 개념이 참으로 기막힌 착상이라고 생각했는데, 왜냐하면 위원회에는 증거를 제시하는 증인만 있는 것이 아니라 그 증거를 통역하는 통역자도 있기 때문이었다. 즉 동일한 이야기에 대한 두 명의 화자가 존재하는데, 이는 우리의 인형이 두 명의 조작자를 필요로 하는 것과 같다. 한 명의 조작자는 이야기를 줄루어로 말할 것이고, 다른 한 명이 이를 통역할 것이다. 그러나 이렇게 되지는 않았다. 이야기가 들리지 않았던 것이다. 결국 우리는 통역자들을 유리 부스—위뷔의 샤워실—안으로 집어넣고, 증인의 본래 목소리와 통역자의 인공적인, 대중 연설을 위한 목소리를 구분하였다.

그러나 진실 위원회로부터 던져진 원 재료를 어떻게 다룰 것인가의 문제에 대하여 다른 해결책이 제시되기도 하였다. 앞서 말했듯이, 마켓 시어터에서 공연된 작품 중에 진실 위원회를 다룬 것이 두 개 있었다. 첫 번째 작품인 '죽은 자는 기다린다'는 전통적인 연극이다. 앙골라 내전 중 일어난 사건을 허구적으로 재구성한 이 작품은 한 군인이 남아공으로 돌아와서 자신이 저지른 범죄 행위를 고백하려는 이야기를 다루고 있다. 진실 위원회의 영향으로 만들어지긴 했지만, 이를 직접적으로 다루고 있지는 않다.

또다른 작품인 '내가 하려는 이야기'는 위원회에서 증언한 생존자 단체의 후원으로 제작되었다. 이 작품은 여러 지역을 순회하면서 위원회를 알리고 사람들로 하여금 위원회를 통해 제기된 문제에 대한 논쟁에 참여하도록 만들어졌다. 위원회에 나온 증인들의 증언을 어떻게 다룰 것인가의 문제에 대하여 이 작품은 실제 증인 세 명을 등장시키는 것으로 해결하였다. 즉, 진실과 화해 위원회에 출두하여 증언한 세 사람이 매일 밤 돌아와서 무대 위에서 다시 증언하도록 한 것이다. 폭탄 장치가 되어 있는 워크맨에 의해 머리가 날아간 한 변호사의 어머니는 조각난 시체와 머리가 놓여진 방에서 기어다닌 것을 증언한다. 한 남자는 자신이 짓지도 않은 죄목으로 3년간 사형수 감방에서 교수형을 기다리며 살았던 것을 묘사한다. 한 여자는 자신이 비밀 경찰에게 체포되어 심문 당하고, 강간당한 이야기를 한다. 진실 위원회의 청문회장으로 가는 사람들이 타고 있는 택시 안에서 대부분의 일이 벌어지는 이 작품에서, 이들의 증언은 중심적이긴 하지만 유일한 것은 아니다. 세 명의 전문 배우가 단역으로 등장하여 코믹한 막간극을 연출하며 위원회에 대하여 대본에 설정된 논쟁을 하고, 세 명의 '실제' 인물이 나와서 증언한다.

그러나 이것은 위원회에서 제기된 문제들에 대한 부분적인 해결에 지나지 않는다. '실제' 인물들이 제시하는 것 역시 증언 자체라기보다는 증언을 연기하는 것이기 때문이다. 위원회에서의 증언과 무대에서의 재연에는 큰 차이가 있다. 증인들은 배우가 아니다. 실제로 이들의 어색함이 공연을 가능하게 하는 것이다. 관객은 이 어색함을 통해, 이들이 바로 묘사되는 엄청난 일들을 겪은 실제 사람들이라는 것을 깨닫게 된다. 내가 가장 감동 받은 장면은 생존자 중의 한 명(사형수 감방에서 3년 동안 있었던 사람)이 과거를 재대로 기억하지 못할 때였다. 어떻게 자신의 이야기를 잊어 버릴 수 있는가. 물론 그 순간 그는 대본에서 자신의 위치를 잊어 버려 당황해 하는 배우였다. 나는 이 절반의 증언과 절반의 연기가 야기하는 역설에 대한 분명한 해결책을 찾지 못하였다. 단지 이러한 소재를 다루는 많은 가능한 방법들 중 하나로써 이를 설명할 뿐이다.

진실과 화해 위원회도 증언을 정당하게 평가하는데 있어서 유사한 문제를 지니고 있었다. 자신의 이야기를 하는 증인들이 분출하는 감정과 통역자들의 번역과는 차이가 있었다. 통역자들을 통해 제시되는 이야기에는 증언의 핵심이 빠져 있는 것처럼 느껴졌다. 그래서 잠시동안이나마 위원회는 통역자들에게 증인들의 감정을 통역에 반영시키도록 한다는 말도 안되는 의견을 내기도 했다. 물론 이 의견은 곧 철회되었다.

어떻게 하면 이야기들을 정당하게 평가할 수 있는가의 문제는 우리 모두를 이 분야에 매달리도록 몰아갔다.『위뷔와 진실위원회』에서 이 문제는 곧 아버지와 어머니 위뷔의 희극(戱劇)과 증인들의 진지함을 어떻게 조화시킬 것인가의 문제로 귀결된다. 연극이 가장 훌륭하게 상연되려면 아버지 위뷔가 소극적이어서는 안된다. 그는 무대를 자기 것으로 만들고 관객들의 주의를 최대한 끌어들여야 한다. 그렇다면 관객들의 주의를 되돌리는 것은 인형 조작자들과 배우들의 몫이다. 이 싸움은 매우 정교하다. 너무 밀어붙이게 되면 증인들이 시끄럽고 애처로우며 자기 연민에 빠지게 된다. 그러나 너무 멀리 후퇴하면 이들은 위뷔에게 압도당한다. 그러나 때때로, 자발적인 관객들과 함께 하는 좋은 공연에서는 증인들의 이야기가 분명히 들리면서도 위뷔가 제기하는 질문의 더 넓은 맥락으로 이 이야기들을 끌어들일 수 있다.

난해하게 들릴지도 모르겠지만, 다시 한 번 강조하건대, 무대 위에서, 바로 공연되는 그 순간에만 소재가 제대로 표현되었는지 평가할 수 있다. 이는 공연마다, 그리고 관객마다 달라질 수 있기 때문이다.

순전히 내 작업의 맥락에서 보자면, 의미를 찾아내는 전략으로서 우발적이고, 불확실하며, 변덕스러운 것, 실제적인 것에 기대야 한다는 것을 다시 말하고 싶다. 좋은 아이디어의 가치는 믿을 것이 못된다. 나는, 한편으로는 순전히 우연에 의지하고, 다른 한편으로는 계획을 실행하는 것이 우리 작업의 가장 불확실하지만 가장 생산적인 기반이 되었다고 믿는다.

그렇지만 앞서 언급한 세 편의 연극 중 어느 것이 가장 좋은 방법인지에 대한 고정된 의견은 없다. 내 생각엔, 어떤 방법이 어떻게 작용하는지 결정하는 것은 분명한 식견이나 이성, 심지어 미학적 감수성도 아닌 수많은 요인들인데, 우리가 의도적으로 변화시킬 수 있는 것은 이 중 얼마 안된다.

앞서 묘사한 연극들은 모두 관객들에게 엄청난 감동을 주었다. '내가 하려는 이야기'의 한 공연이 끝난 후 어떤 관객은 눈물을 멈출 수 없었다. 그녀는 이야기 때문에, 또한 분노와 후회 때문에 눈물을 흘렸다고 말했으며, 평생 동안 뮌헨에서는 이와 유사한 증언극을 한 편도 볼 수 없었다고 말했다. 한 친구는 앙골라 내전을 다룬 '죽은 자는 기다린다'를 보고 깊은 감동을 받았다. 그는 전쟁에 군인으로 참전한 적이 있었다. 또 어느 날 '위뷔와 진실 위원회'의 공연 직후, 한 여성이 엄청나게 감동 받은 모습으로 우리를 찾아왔다. 그녀는 루마니아에서 왔다고 했다. 우리는 이 연극의 내용이 그녀에게 지역적인 (local) 것으로 비춰졌다는 사실에 놀랐다. "맞아요"라고 그녀는 말했다. "매우 지역적이에요. 아주 지역적이죠. 이 연극은 루마니아에 대해 쓴 것 같아요."

인형은 프로젝트의 필요에 의해 개발되었다. 이 인형극에서는 세 종류의 인형이 사용되었다. 우선 대머리 독수리 인형이 있었고, 다음으로 개와 악어, 그리고 세 번째로 증인 인형이 있었다. 각각은 연극에서 유일하게 인간으로 등장한 어머니와 아버지 위뷔와 독특한 관련을 맺었다.

대머리 독수리는 홀로 코러스 역할을 하며 연극의 전체 행위에 대해서 냉소적인 논평을 한다. 연기는 제한되고 전자 음향으로 만들어진 독수리 소리는 속담으로 해석되어 스크린에 비춰진다. 그래서 이 인형은 모터에 의해 돌아가는 기어와 같이 조작되고 이 모터는 멀리 떨어진 기술자에 의해 조작된다. 이는 극중 독수리의 기능과 비교하면 적절한데, 즉 명백하게 비주체적인(authorless) 자동인형이 프로그램화 된 공리를 내뱉는 것이다.

진화적 도식에서 좀더 높은 단계인 브루터스는 머리가 셋 달린 개이며(세 명의 조작자가 무대에서 보여진다), 나일즈는 악어이다(역시 한 명의 조작자가 관객에게 보여진다). 이들은 아버지와 어머니 위뷔와 동일한 공간에서 움직이며, 'Woyzeck on the Highveld'에서처럼 관습적인 인형 연기대(playboards)에 제한되지 않는다. 악어는 어머니 위뷔의 핸드백일 뿐만 아니라, 아버지 위뷔의 애완동물 자문가 및 큰 입을 이용하여 위뷔의 증거를 절단하는 은폐 하수인의 역할도 겸한다.

개 브루터스는 위뷔의 심복이다. 위뷔가 못된 짓을 저지르러 나갈때면 이 개가 따라간다. 이들의 죄는 서로 구분할 수 없다. 마찬가지로, 개가 표현하는 세 가지 인물인 보병 병사와 장군, 정치가는 브라암 피셔가 시드니 켄트리지에게 준 낡은 가방으로 만들어진 하나의 몸을 공유한다.

이 두 등장인물은 본질적으로 인형이며 이들의 역할이 실제 배우에 의해 연기되는 것은 상상하기 어렵다. 예를 들어, 악어는 상당히 큰 물건들을 삼킬 수 있는 입을 가졌고 따라서 이를 저장하기 위해 그 배는 커다란 무명 가방으로 만들어졌다 (이 가방은 북아프리카의 군대에 있을 때 바질 존스의 아버지가 의낭(衣囊)으로 사용하던 것이다). 여기서 증거들은 어머니 위뷔에 의해 쉽게 발견된다. 개들이 공유한 하나의 몸은 여행 가방이다. 아버지 위뷔가 이들의 행위로부터 스스로를 떼어놓아야 할 때가 되면 죄를 증명하는 증거를 은닉하기에 이상적인 장소이다.

인형의 마지막 종류는 증인이다. 연극에서 이들이 맡은 책임은 중심적이면서도 대단히 무거운 것인데, 왜냐하면 이들의 역할이 이전의 아파르트헤이트 국가가 사람들의 삶에 미친 영향에 대한, 매우 비통한 사적인 설명을 재연하는 것이기 때문이다. 잘못 다루게 되면 이러한 이야기는 일종의 공포 포르노그래피로 전락하기 쉽다. 인형들은 이 공포를 매개하는 조력자이다. 이들은 어떤 역할을 연기하는 배우가 아니다. 오히려 이들은 진짜 사람이 되려고 시도하는 나무인형들이다. 우리처럼 움직이고 숨쉬려 할 때, 이들은 지금 이곳이라는 장벽을 넘어 인류에 대한 은유가 되는 것이다. 이번 극에서는 두 명의 조작자가 하나의 인형을 맡는다. 조작자들이 동시에 작업하기 때문에, 인형의 행동과 말에 대한 개인적인 책임은 분산되고 어느 정도 감소된다. 이는 우리로 하여금 인형이 스스로 생명과 책임을 가진다는 환상을 가지도록 부추긴다. 그러나 조작자가 존재한다는 사실은 조작자의 표정에 나타난 감정을 통해 인형 캐릭터의 고정된 특질에도 불구하고 그 감정을 이해하도록 하기도 한다.

양쪽에서 인형을 지탱하는 두 명의 존재는 어느 정도 상징적인 취약성을 부여하는 동시에 TRC 청문회 과정에서 증인들을 위로해 주던 사람들을 생각나게 한다. 인형들은 조작자의 확신과 관객들의 자발성에 의해 생명을 얻는다. 인형과 마주 보고 연기할 때는 배우 역시 동일한 과정에 참여하게 된다. 배우는 인형 조작자와 시선을 마주칠 수 없다. 배우의 시선은 오로지 인형 자체를 향하게 되어 있다. 인형의 움직임, 특히 증인들의 움직임은 정확한 속도로 이루어져야 한다. 이 속도는 일반적으로 인간의 속도보다 느린데, 관객들로 하여금 인형이 정확히 무엇을 하고 있는지, 팔을 들어올리는지, 머리를 돌리는지, 혹은 손가락으로 물건을 잡거나 내려놓는지 분명히 보도록 하기 위해서이다. 특정한 인형으로 작업을 하다 보면 인형조작자는 그 인형의 속도를 결정할 수 있다. 배우와 인형 사이에 신체적인 접촉이 이루어지는 순간은 세심하게 연기되어야 한다. 인형의 재료와 인간의 살의 차이는 이 둘이 동일한 순간에 존재한다는 환상을 깰 수도 있다.

증인 인형의 주요 부분은 나무로 만들어졌다. 거친 조각을 통해 인형의 얼굴 표면이 빛에 잘 조율된다는 것을 확인할 수 있다. 따라서 조명 속에서 보면, 둥글게 파낸 끌자국이 만드는 작은 그림자들의 움직임이, 특히 위나 앞을 볼 때와 아래를 볼 때의 대조가, 그렇지 않았다면 고정된 것으로 보였을 얼굴에서 표정이 변화한다는 환상을 심어 준다.

아버지와 어머니 위뷔는, 비록 이들의 행위가 어머니와 아버지 위뷔의 삶에 근본적인 영향을 미치지만, 사람이 되려고 하는 이 나무 인형들을 볼 수 없다. 이들은 동일한 공간을 점유하고, 동일한 가구를 사용하여 연기하지만, 서로 다른 곳에 있는 것처럼 보인다. 위뷔부부는 노점상에서 약탈한 물건들을 먹지만 가게 주인은 볼 수 없으며, 가게 주인 역시 이들을 볼 수 없다. 인간 어릿광대와 인형들 사이의 이 구별은 연극이 묘사하는 상처의 시대를 그대로 반영한다.

위뷔와 *진실* 위원회

『위뷔와 진실 위원회』의 대본은 윌리엄 켄트리지와 핸드스 프링 퍼펫 컴퍼니가 의뢰한 것이다. 이 연극은 1997년 5월 26일 요하네스버그에 있는 마켓 시어터의 래보레토리(The Laboratory)에서 최초로 상연되었다. 세계 초연은 1997년 6월 17일 바이마르의 쿤스페스트(The Kunsfest)극장에서 다음의 배역으로 상연되었다.

배 역

아버지 위뷔　　다워드 미나아르
어머니 위뷔　　부시 조쿠파

제작진

감 독　　윌리엄 켄트리지
인형 연출　　바질 죤스
　　　　에이드리언 콜러
　　　　루이즈 세보코
　　　　부시 조쿠파
무대 감독 및 비디오 연출　　브루스 코크
음향 기술　　사이먼 마호니
극단 및 투어 매니져　　웨슬리 프랑스
애니메이션 연출　　윌리엄 켄트리지
애니메이션 조연출　　타우 쿠엘레인
　　　　수지 가비

안 무 　로빈 오를린

인형 제작 지휘 　에이드리언 콜러

인형 제작 　타우 쿠엘레인

음 악 　와릭 소니

브렌단 쥬리

TRC 리서치 　앤트지 크로그

조명 디자인 　웨슬리 프랑스

음향 디자인 　월버트 슈벨

필름 편집 　캐서린 메이버그

필름 및 비디오 리서치 　가일 베르만

의 상 　에이드리언 콜러

수 스틸

무대 디자인 　윌리엄 켄트리지

에이드 리언 콜러

제작 진행 　바질 죤스

도움을 주신 분들께 감사드린다. 본 작품은 뮌헨의 예술청, 바이마르의 쿤스페스트, 스위스의 미그로스 문화청, 하노버 (Schauspiel)의 니더작센국립극장, 스탠다드 뱅크 아트 페스티벌, 예술과 문화 및 과학 기술부, 마켓 시어터 재단의 재정지원으로 작업이 가능했다.

인형극 대본

1막 1장

무대가 열리면, 무대 중앙 근처에서 인형이 수프를 만들고 있다. 배경 음악은 부드럽고 조용하다. 채소를 썰고, 젓고, 소금을 치는 동작이 몇 분 동안 계속된다. 이 과정에서 인형은 두 번 수프의 간을 본다. 두 번째로 간을 볼 때, 장면이 갑자기 바뀐다.

1막 2장

장면 전환은 음악이 바뀌면서 시작된다. 이전의 음악은 귀에 거슬리고 거친 만화 같은 음악으로 바뀐다. 우리는 위뷔의 집에 와 있다. 대머리 독수리 인형이 활대에 놓여져 있다(이 인형은 극이 진행되는 동안 대부분 무대 위에 있으며, 프로젝션 스크린에 내내 나타나는 속담들은 바로 이 인형에게서 나오는 것이다). 증인 인형이 수프를 만들고 있는 작은 기둥도 있다. 아버지 위뷔가 무대로 걸어나오면서 수프를 만드는 인형을 걸어차는데, 자신이 하는 짓을 깨닫지 못한다. 인형은 떨어지고, 인형 조작자 둘 중 한 명에 의해 무대 밖으로 나간다. 다른 한 명의

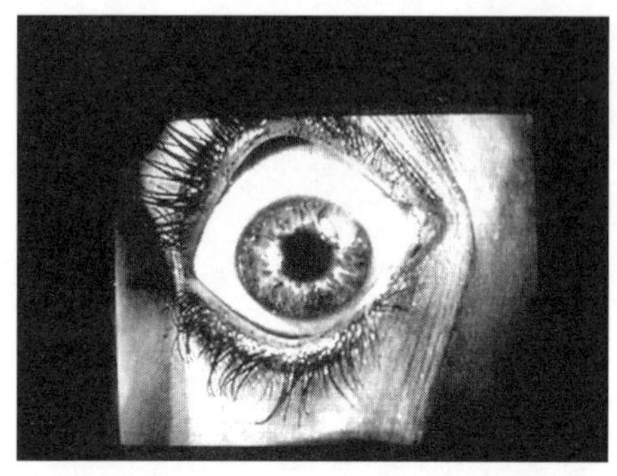

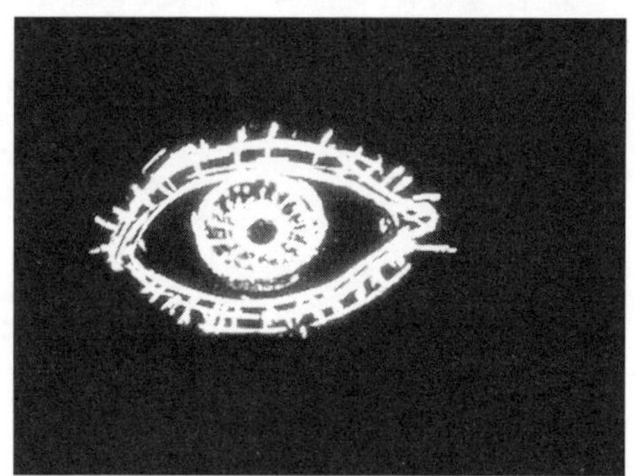

공연 도중 배우들 뒤에 설치된 스크린에는 애니메이션 장면들이 투영되는데, 이것의 전체적인 효과를 여기서 재현하기란 불가능하다. 게다가 이 장면들은 투사된 이미지들이므로 사진으로 잘 찍히지도 않았다. 그러나 몇 장면들은 페이지 맞은 편에 '플립 파일(flip file)'로 붙여두기로 한다.

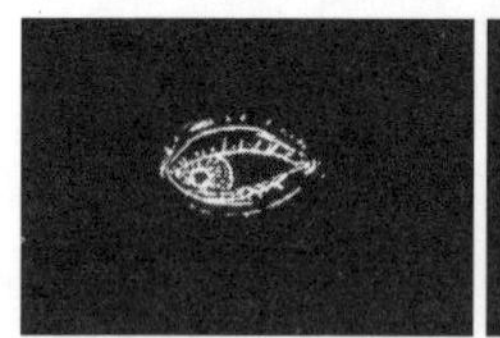 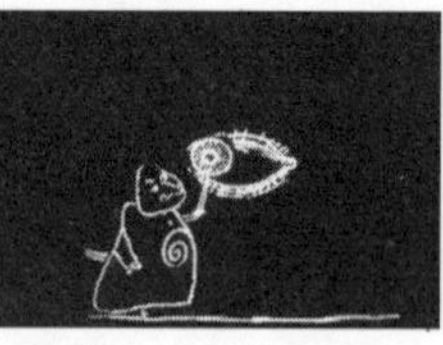 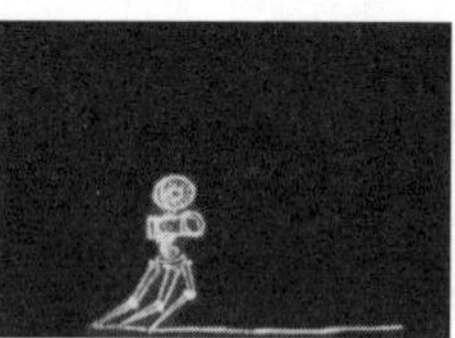

인형 조작자는 어머니 위뷔로 바뀌어 연기를 계속한다. 아버지 위뷔는 돌멩이를 걷어찬 것처럼 상처 난 발을 잡는 자세를 취한다.

　　아버지 위뷔 : 이런 씨발!!
　　어머니 위뷔 : 아니, 저런 싸가지 없는 말버릇을 봤나. 위뷔 양반, 이 구
　　　　　　　　질구질한 영감탱이야.

　어머니 위뷔와 아버지 위뷔는 춤추는 것 같은 동작으로 서로 쫓고 쫓긴다. 이들은 화가 나서 으르렁거리면서 돌아가며 상대방을 쫓아다니다가 춤추는 동작과 웃으며 정지하는 동작을 시작한다. 이 동작이 몇 번 반복된 후 어머니 위뷔와 아버지 위뷔는 서로에게서 버둥거리며 떨어져서 격투 춤을 추기 시작한다.

1막 3장

　무대 뒤쪽에는 커다란 프로젝션 스크린이 설치되어 있다. 다양한 이미지들이 이 스크린에 투영되며, 배우들은 때로는 이들 뒤의 영상들과 상호작용을 하기도 하고, 때로는 이를 완전히 잊어 버리기도 한다. 첫 번째 화면에는 위뷔 마네킹과 카메라 삼각대, 모든 것을 보는 눈 등 주된 테마들이 소개된다.

1막 4장

아버지 위뷔 : (2장에서 걷어차서 다친 발을 잡고) 젠장, 우라질! 본인의
　　　　　　총애하는 발님께서 치명적인 상처를 입으셨구만. 본인의
　　　　　　마누라님이 집 청소를 제대로 안했기 때문이지. 어이구 나
　　　　　　죽네! .

어머니 위뷔 : 당신 족발이 좀 다쳤다고 죽진 않아, 골통이 거기 있는 것
　　　　　　도 아니면서 말야!

아버지 위뷔 : 부인, 본인은 우리 성내에서 모욕을 당하면서까지 나라 일
　　　　　　을 돌보면서 하루 종일 보낼 수는 없소!

어머니 위뷔 : 나라 일은 걱정말고 당신 일이나 잘하라구!

아버지 위뷔 : 뭐야, 이 할망구, 그게 무슨 말이야?

어머니 위뷔 : 이것만 알아둬. 하룻밤만 더 다른 년이랑 놀아나면 개 우
　　　　　　리에서 자게 될 줄 알아!

아버지 위뷔 : 본인은 그대의 트집으로 인해 화가 났소, 부인.

어머니 위뷔 : 그래, 나는 그대가 야밤에 저지르고 다니는 일 때문에 기
　　　　　　분이 잡쳤어. 그 짓 하느라고 머리가 돌아서 코 앞의 일도
　　　　　　분간 못하니.

아버지 위뷔 : 내 팔팔한 물건으로 ….

어머니 위뷔 : 내가 알기론 아주 딱하고 조그만 기관이던데.

아버지 위뷔 : 어이, 좀 심하잖아. 머리통을 박살내서 미안하단 말도 못하
　　　　　　게 해줄까 보다.

어머니 위뷔 : 내가 심하다고? 조금만 더 심하게 해볼까? 어젯밤에 어디
　　　　　　있었어?

아버지 위뷔 : 부인, 본인은 용무가 바쁜 사람이오. 본인이, 어, 떠맡은
　　　　　　일의 정확한 성질은 비밀이오.

대머리 독수리는 작품에서 유일하게 기계로 작동
되는 인형이다. 이것은 코러스처럼 줄거리에서 분리된
논평자의 역할을 하며 인형 조작자와는 아무런 상관
도 없다.

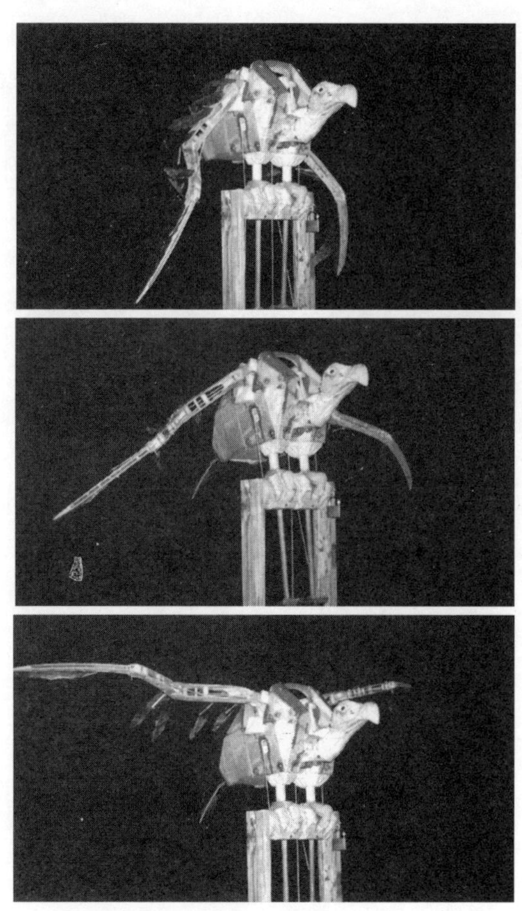

어머니 위뷔 : 오호, 저것 보라지. 그대 욕정의 증거가 그 비밀을 누설하는구려. 칼라에 시뻘건 것이 묻어 있고 소매에는 머리카락이 한 줌 붙어 있는 걸 내가 봤어.

아버지 위뷔 : 본인의 아내가 집을 정돈하는 좀더 적절한 활동을 찾지 않고 집안 빨래에만 주의를 기울이기로 했다니 통탄할 일이로다. 그렇지 않았다면 하루의 용무를 마친 본인의 장대한 옥체가 가구에 걸려 비틀거리지 않고 쉽게 안으로 들어왔을텐데. 본인은 그대에게 본인의 민첩한 옥체를 위해 안전한 통로를 유지하는데 좀더 주의를 기울일 것을 하명하노라.

어머니 위뷔 : 씨발, 놀구있네. 그렇다면 비밀로 하든지. 그렇지만 여자 냄새 풍기면서 들어오기만 해봐. 내가 알아낼 테니까. 내 말 알겠어? 일단 알아냈다 하면 당신을 동강내서 갖다 버릴 줄 알어.

아버지 위뷔 : 입 닥치시오, 부인. 본인은 그대에게 트집잡힐 일이 없소.

어머니 위뷔 : 나말고 트집잡을 사람이 누가 있어?

아버지 위뷔 : 질문을 기각하오! 다음!

어머니 위뷔 : 매일 밤 누굴 만나는 거야?

아버지 위뷔 : 질문을 기각하오! 다음!

어머니 위뷔 : 대체 누구한테 홀린거냐구?

불이 꺼진다. 어머니 위뷔가 퇴장한다. 불이 켜진다. 아버지 위뷔가 홀로 서 있다.

아버지 위뷔 : (관객을 바라보며 독백. 자신의 손을 냄새맡는다. 공포와 혐오의 표정이다. 잠시 기다린다. 그러나 곧 자신을 추스린다.

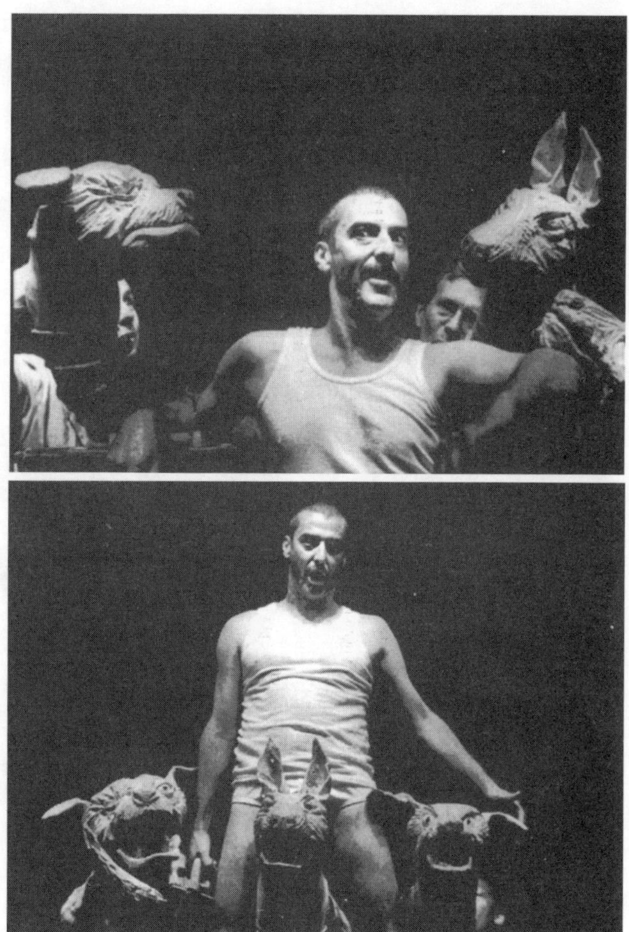

그는 무대 위해 흩어져 있던 야채들을 발로 차서 쓸어버린다.) 우리 귀부인 마나님도 내가 밤마다 나가서 무슨 일을 하는지 알면 아무런 불평도 안할텐데. 한때는 나도 나라의 관리였는데. 힘도 있고 재능도 있었어. 나랏돈은 모두 내 수중에 있었지. 내가 금고하고 금고지기를 폭발시켜 버렸었거든. 나는 스스로 기금을 관리해서 국민들에게서 짐을 덜어 주었지. 이제 내가 충성을 다 바치고 나니까 고맙단 말도 없이 나를 버리더란 말이야. 적들이 어디에나 있으니, 본인은 우리의 배후를 엄호하는 동시에 정력(strumpot)도 지켜서 항상 방어 태세에 있어야 하나니.

활대에 있는 독수리 인형이 울고 첫 번째 독수리 자막이 스크린에 나타난다. 지붕에 세 번 불이 나면 계단에 양동이를 준비하라.

1막 5장

머리가 셋 달린 개 브루터스를 실은 테이블 한 개가 굴러 들어온다. 개는 들어와서 쿵쿵거리며 공기 냄새를 맡고 울부짖기 시작한다. 아버지 위뷔가 등장한다.

아버지 위뷔 : 입 닥쳐, 이 사기꾼들아. 안그러면 머리끝에서 발끝까지 찢어서 위뷔 부인의 이쁜이한테 먹이로 줘 버릴 테니까. 이런 제기랄! 개까지 말을 안 듣는데 어떻게 위엄을 지키겠어?

개들이 아버지 위뷔에게 다정하게 비벼댄다.

머　　리 1 : (흥분해서 헐떡거리며) 그래 주인님, 오늘은 어디로 가나요,
　　　　　　　주인님? 거기엔 우리가 먹을 게 뭐가 있죠? 작은 뼈다귀
　　　　　　　는 좀 있나요, 에? 아직 향기롭고 따뜻한 연골 한조각 말
　　　　　　　이에요.

머　　리 2 : 나는 종자가 달라요. 물어뜯고 싶진 않아요. 나는 정말 앞
　　　　　　　장서서 지휘하고 싶어요.

머　　리 3 : 이 짐승들이 국가를 위해 약탈을 할 수는 있지만, 외교적으
　　　　　　　로는 좀더 식견있는 대화가 필요하죠. 오늘밤에는 어떤 비
　　　　　　　밀스럽고, 특별하고, 은밀한 활동이 이루어지나요? 알고
　　　　　　　있어야 나중에 뭘 부인할지 알 수 있잖아요.

아버지 위뷔 : 그대들이 알아야 할 것은 본인이 말해 주겠다. 명심해라.
　　　　　　　본인은 그대들을 흔들 수 있는 꼬리다.

개들　함께 : 맞습니다, 대장님. 당신이 주인입니다. 우리는 당신의 피조
　　　　　　　물입니다.

여기서 아버지 위뷔와 개들은 즉흥 사중창을 노래한다.

아버지 위뷔 : 늙은 개는 결코 인간의 친구가 될 수 없어
　　　　　　　내 의도대로 복종하고 순종하지 않거든.
　　　　　　　필요한 것을 얻으려면 잘 골라서 키워야지.
　　　　　　　몸통 부분 부분들이 둘도 없는 품종으로 새로 태어날 때까
　　　　　　　지 말야.

　　　　　　　면도날 같은 이빨과 쇠도 씹는 턱

저녁 산책

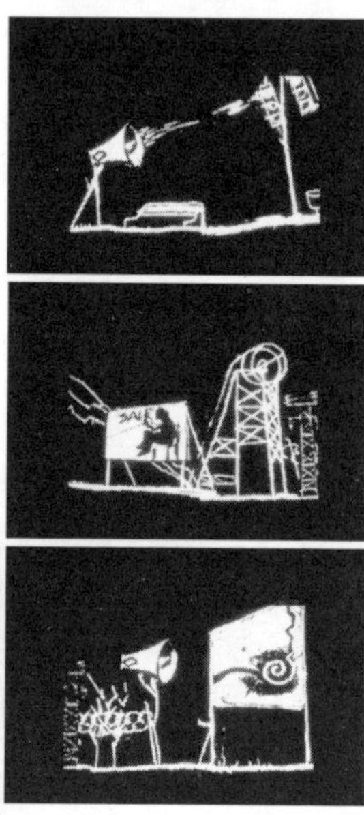

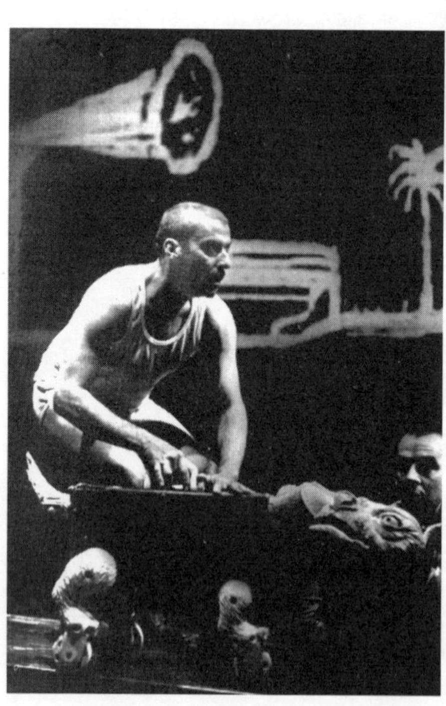

　　　　　　　　법망도 피할 수 있는 무기가 바로 이거야.

　　　　　　　　내가 명령하면 공격하고

　　　　　　　　그만두라면 물러나지.

　　　　　　　　그래서 나는 전투용 개를 기른다구.

개　　　들 : 늙은 개는 결코 인간의 친구가 될 수 없어

　　　　　　　　그의 의도대로 복종하고 순종하지 않거든.

　　　　　　　　필요한 것을 얻으려면

　　　　　　　　잘 골라서 키워야지.

　　　　　　　　몸통 부분 부분들이 둘도 없는 품종으로 새로 태어날 때까

　　　　　　　　지 말야.

　　　　　　　　면도날 같은 이빨과 쇠도 씹는 턱

　　　　　　　　법망도 피할 수 있는 무기가 바로 우리야.

　　　　　　　　명령받은 대로 공격하고

　　　　　　　　그만두라면 물러나지.

　　　　　　　　우리는 아버지 위뷔의 전투용 개니까.

　　아버지 위뷔 : 좋아, 그만 됐다. 가자.

　　아버지 위뷔는 퇴장하면서 휘파람으로 개를 부른다. 휘파람
은 4, 5개의 음으로 된 것으로 특유한 것이어야 한다. 이 휘파
람은 공연 내내 반복되며, 휘파람을 불 때마다 관객은 개들이
활동하고 있다는 것을 떠올리게 된다. 따라서 휘파람은 아버
지 위뷔와 그의 개가 함께 일하고 있다는 신호로서, 일종의
‘주제가(leitmotif)’가 된다. 화면에는 개들의 저녁 산책을 암시
하는 이미지들이 나타난다. 개들이 방향을 찾는 일을 멈추자,
아버지 위뷔는 그의 속옷 안의 가상의 발신기에 대고 말한다.

아버지 위뷔 : 여보세요? 예, 장군님. 예. 아니오, 절대 아닙니다. 모두 정
　　　　　　리되었습니다. 정확히 그렇습니다. 예, 장군님. 이상.

　이들은 목적지까지 계속 간다. 목적지에 도달한 순간 폭발
음이 들린다.

1막 6장

　위뷔의 집. 어머니 위뷔가 안락의자에 앉은 채 등장한다. 스
크린에는 "어머니 위뷔는 사랑과 돈을 꿈꾼다"라는 자막이 나
간다. 그녀는 획득하지 못한 부와 동경의 환상으로 가득 찬 솔
로 탭 댄스에 열중한다.

　어머니 위뷔는 탈진하여 안락 의자에 쓰러진다. 일순간 침
묵이 흐른다. 그러자 무대 밖에서 개 짖는 소리가 들린다. 아
버지 위뷔가 돌아와서 자물쇠에 열쇠를 꽂는 등의 동작을 하
면서 소음이 사라진다.

　아버지 위뷔가 불을 켠다. 그는 무대 한쪽에 샤워실로 마련
된 유리 칸막이로 간다. 어머니 위뷔는 안락 의자에 누워 있
다. 부드러운 스포트라이트가 켜지면서 샤워하는 아버지 위뷔
를 비춘다.

어머니 위뷔 : 당신이유, 여보? 여어어보? (아버지 위뷔가 샤워하는 동안
　　　　　　그녀의 목소리는 계속 들린다.) 씻고, 씻고, 또 씻는구만.

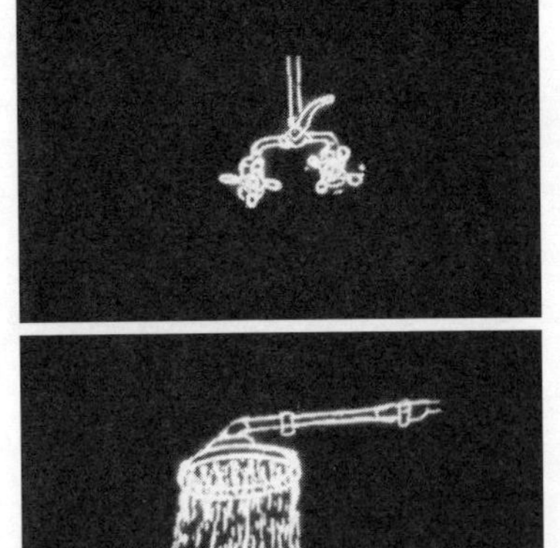

피와 **폭약**의 냄새

피와 폭약의 냄새

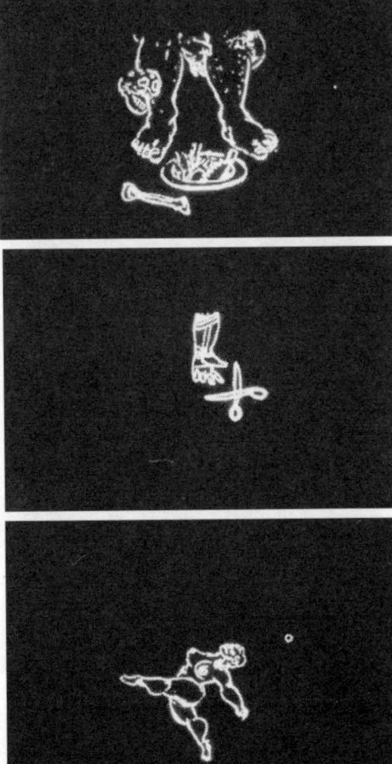

매일 밤 똑 같아. 집에 오면 기진 맥진 지쳐 있다구. 그러면서도 나한테는 암말 말래. 이봐 위뷔씨, 도대체 뭘 그렇게 씻어 내는 거야?

스크린 자막 : 피와 폭약의 냄새.

어머니 위뷔 : 바람 핀 거지? 그렇지? 오입질하고 온 거야.

아버지 위뷔의 환상에 대한 그림이 스크린에 나타난다. 아버지 위뷔는 '나 다시 돌아왔네(Hier's ek weer)'를 노래한다. 그가 샤워실에서 나오자, 어머니 위뷔가 그를 쫓아간다.

어머니 위뷔 : 내가 여지껏 참았다고 해서 영원히 참을 거라고 생각하면 오산이야! 알아? 똑똑히 말하겠는데, 값은 치르게 해주겠어!

2막 1장

마이크 소리 : 누군가 마이크를 시험하기 위해 두드린다. 위쪽에서 목소리가 들린다.

TRC의 목소리 : 내 목소리가 분명히 들립니까? 좋습니다. 통역자의 목소리도 들립니까?

인형 조작자가 인형과 마이크를 가지고 등장한다. 왼쪽에는 어머니 위뷔가 통역자로 칸막이 속에 마이크를 들고 서 있다.

스크린 자막 : 욕조. 욕조는 순식간에 피범벅이 된다.

증   인 : Queenstwon yajika yaba yindawo yemfezwe.
퀸즈타운이 전쟁터가 되었습니다.
Amapolisa ayenuka eshla ezintratweni bedubula wonke umntu.
경찰이 거리를 누비며 누구든지 무조건 쏘았습니다.
Wathi akungabuyi unyana wam, kwatha mandiyokumbuza kwi mortuary polisa.
아들이 집에 돌아오지 않자, 사람들이 경찰 시체 안치소에 가보라고 하더군요.
Kulapho kwafuneka ndifaise isidumbu sonyanam.
거기서 나는 아들의 시신을 확인해야 했습니다.

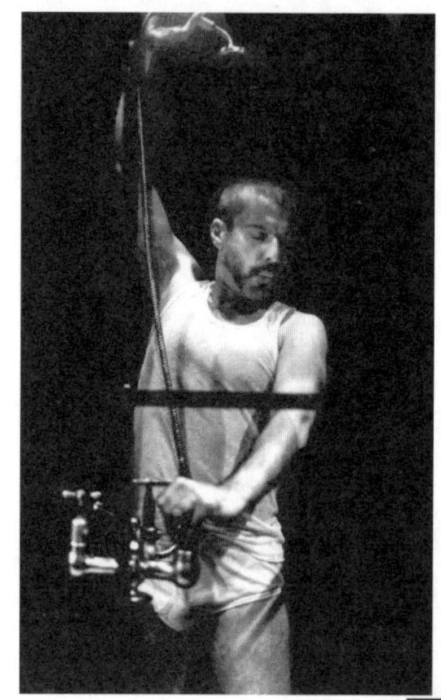

아버지 위뷔의 작은
칸막이 샤워실은 증인의
증언을 통역하는 동안
통역실로도 이용된다.

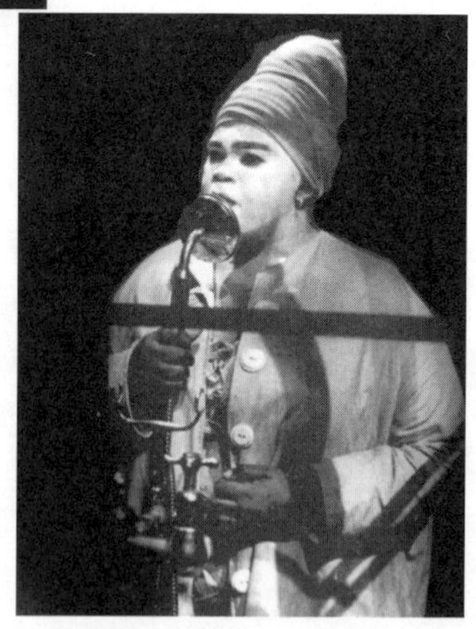

Zazininzi izidumbu, zibaxakile.

시체가 너무 많아서 덮어놓지도 못했더군요.

Salinda phambi kwe mortuary, uthotho lwegazi lwalubaleka lusuka phantsi komnyango, luvale idrain engaphandle.

우리는 시체 안치소 앞에서 기다렸습니다. 문 밑으로 걸쭉한 핏줄기가 흐르더군요. 바깥의 하수도가 막힐 정도로요.

Ngaphakathi, ivumba lalilibi.

안에는 냄새가 고약했습니다.

Izidumbu zipakene esinye phezu kwesinye.

시체들은 겹겹이 쌓여 있었습니다.

Igazi lalise lijike laba luhlaza.

피는 이미 썩어 가고 있었습니다.

Ndazixelela ukuba, noba bangabe benzentoni emntaneni wam, ndizakumbona ngophawu esilvini.

나는 그들이 아들에게 무슨 짓을 했더라도, 뺨에 있는 상처로 아들을 알아볼 수 있을 거라고 생각했습니다.

Ndaya e mortuary.

나는 시체실로 들어갔습니다.

Ndambona apho umntwanam.

거기서 아들을 보았지요.

Ndalubona uphawu esilevini.

아들 뺨에 난 상처도 보았습니다.

Kodwa ndathi kubo, hayi, asingomntwana wam lo.

그렇지만 내 아들이 아니라고 말했습니다.

Asingomntwana wam lo.

이건 내 아들이 아닙니다.

Asingomntwana wam lo.
이건 내 아들이 아닙니다.

2막 2장

흐린 조명. 아버지 위뷔가 테이블 뒤로 등장한다. 스크린에는 계속 고양이로 변하는 라디오 애니메이션이 나타난다. 이 고양이-라디오가 아버지 위뷔를 놀린다. 아버지 위뷔는 겁을 먹고 큰 의자 밑으로 숨는다. 그의 엉덩이가 의자 밑에서 튀어나와 있다. 어머니 위뷔가 핸드백을 가지고 등장한다. 이 핸드백은 악어 인형이기도 하다.

어머니 위뷔 : 이 어두운데서 뭐 하는 거야?

그녀가 불을 켠다.

스크린 자막 : 진실의 불빛.

그녀는 핸드백을 테이블 위에 내려놓고 아버지 위뷔의 술병과 술잔을 그 안에 넣는다. 어머니 위뷔는 의자 밑에 있는 아버지 위뷔를 발견한다.

어머니 위뷔 : 이봐, 의자 밑으로 엉덩이가 보이잖아. 당장 이리로 나와, 소처럼 낙인찍히기 전에.

진실의 빛

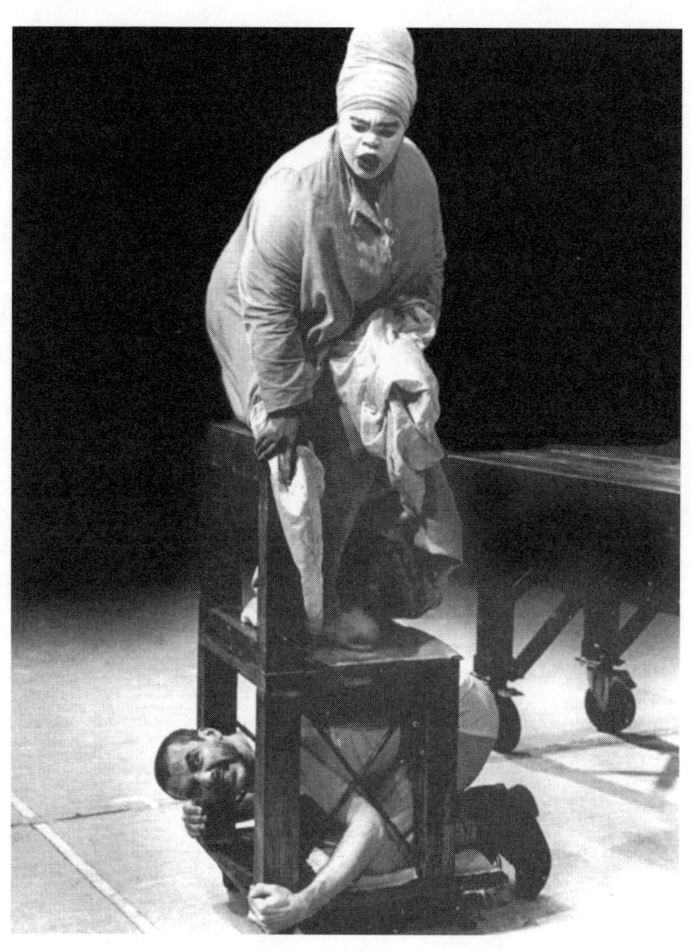

아버지 위뷔 : 니가 누구든 저리 가. 여긴 우리 쥐새끼들밖에 없어.

어머니 위뷔 : (관객을 향해) 쥐새끼일지도 모르지. 다리는 두 개밖에 없
　　　　　　지만! (위뷔를 향해) 좋아, 그러면 우선 한숨 돌릴까.

아버지 위뷔가 숨은 의자에 앉는다.

아버지 위뷔 : 이런 쌩! 이게 무슨 냄새야. 사람 죽겠네. 야, 이 망구야.
　　　　　　일어나, 서방 죽이겠어.

어머니 위뷔 : 그렇다면 무처럼 엉덩이를 반쯤 땅에 박은 이자가 바로 나
　　　　　　의 자비로우신 남편이며 고귀한 주인님이시란 말인가?

아버지 위뷔 : 본인은 지축의 회전으로 수평선과 직각을 이루는 경사가
　　　　　　생기고 있는지 조사하는 중이었소. 이걸 확실히 알아야만,
　　　　　　그대가 보다시피 본인이 배를 깔 수 있지 않겠소?

어머니 위뷔 : 불알이나 까지 그래? 얼간이 나리. 이 비겁의 허약한 표현
　　　　　　은 도대체 무엇인고? 내가 이 꼴을 보려고 내 인생을 포기
　　　　　　했단 말인가? 일어나, 이 바보야.

아버지 위뷔 : (공포로 더듬거리며 힘겹게 기어 나온다.) 휴. 아무 말 말
　　　　　　어. 나 여기 있다고 말하지 말란 말이야. 아, 내 머리야. 귀
　　　　　　가 없어졌잖아. 전에는 겁이 없었는데, 지금은 귀가 없군!

어머니 위뷔 : 내가 잘라 버리려는 건 당신 귀가 아니야! 우쭐대지나 마,
　　　　　　이 영감아. 다른 여자 남편이 당신 잡으러 오면 잡아가라
　　　　　　할 테니까.

어머니 위뷔는 화가 나서 뛰어나간다. 아버지 위뷔는 무릎
을 꿇고 기도한다.

아버지 위뷔 : 오 보혈이여, 오 보혈이여,

　　　　　　오 어린 양의 보혈이 나를 구원하도다.

　　　　　　넘치게 하소서, 넘치게 하소서,

　　　　　　당신의 보혈로 나를 넘치게 하소서.

아버지 위뷔가 무릎을 꿇고 있는 동안 악어 인형인 나일즈가 살아난다.

나　일　즈 : 이봐, 대장, 땀에 흠뻑 젖었는데. 무슨 일이야? 마누라랑 또 싸웠어?

아버지 위뷔 : 오 나일즈. 환상을 봤어. 위대한 진실이 손에 밧줄을 들고 내게 다가오는 거야. 그러더니 나보고 조국의 진실에 대해 증언하라더군.

나　일　즈 : 그렇다면 선택의 여지가 없군. 기회가 오면 조용히 있다가 법이 대장 뒤를 쫓아오는지 보는 거야. 하지만 일단 당신의 가면이 벗겨지면, 책임을 져야 할 걸. 내 말은 선수를 치라는 거야. 내가 듣기엔 진실과 왜곡과 공평함을 결정하는 위원회가 있을 거라는데.

아버지 위뷔 : 진실은 들어봤고, 왜곡도 알고 있지만, 공평함이라니 무슨 말이야?

나　일　즈 : 위대하고 흠 없는 사람이 청문회를 열어서 무슨 일이 왜 어떻게 벌어졌는지 판단한다는 말이야.

아버지 위뷔 : 그렇다면 그 훌륭하고도 치명적인 무기(mathemunitions)[3]

---

3) mathmunition은 mathematics와 ammunition의 조어로, 작가의 말을 빌면 힘의 균등함과 윤리의 불균등함을 동시에 표현하기 위해 사용하였다고 한다. 즉, 수학적인 논리로 피해자와 가해자 양쪽 모두에게 동등하게 증언의 기회를 주었지만 한편으로는 그 기회의

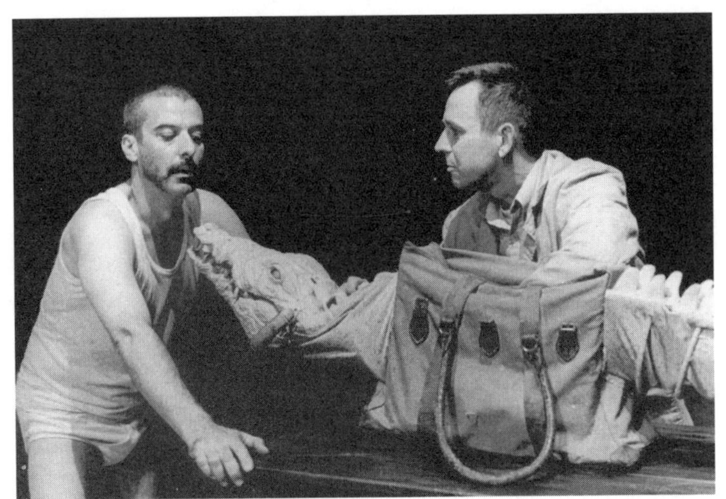

균등함이 윤리적인 불공정성을 내재하고 있다는 말이 된다.

　　　　　　　로 뭘 할 수 있지?

나　일　즈 : 비열한 행동이 정치적인 목적으로 행해지는 때를 아주 정
　　　　　　　확히 지적할 수 있지.

아버지 위뷔 : 만약 그들이 그렇게 알아낸다면?

나　일　즈 : 그렇다면 사면을 해줄 수 있지. 아니, 사면을 해주어야만
　　　　　　　해. 본래 정의로운 사람들은 부정한 사람들을 용서해 주는
　　　　　　　법이거든. 그게 세상 돌아가는 이치야. 그렇지만 우선 완
　　　　　　　전히 털어놓아야 해. 완벽하게 매니큐어를 칠한 손톱 밑에
　　　　　　　서 때가 조금이라도 발견되면 손을 저며 버리거든.

아버지 위뷔 : 그럼 … 다 고백하라구?

나　일　즈 : 완전히.

아버지 위뷔 : 나보고 스스로 내 목을 매달라는 말이야? 중도 제 머리는
　　　　　　　못깍는다고 했어. 게다가 실수의 시대가 아니라 공포의 시
　　　　　　　대였다구. 나는 무슨 일을 하는 지 알면서도 그 일을 했어.

나　일　즈 : 당신이 한 모든 짓은 당신의 일이었지. 그리고 정말, 당신
　　　　　　　이 무슨 해를 끼쳤다는 거야? 여기 저기서 사람 조금 죽였
　　　　　　　다고 큰 해가 되는 건 아냐.

아버지 위뷔 : 그렇지만 내가 잠자코 있으면 누가 알겠어? 아직도 고위층
　　　　　　　에는 내 친구들이 있다구.

　　활대에 있던 독수리 인형이 울고 다음 자막이 스크린에 나
타난다. 성자들보다 더 많은 살인자들이 왕의 저녁 식사에 초
대된다.

나　일　즈 : 내 충고대로 해. 억지로 자백 당하기 전에 먼저 고백하라구.

아버지 위뷔 : 절대로 안돼. 명예를 지키지 않는 남자는 남자도 아니야!

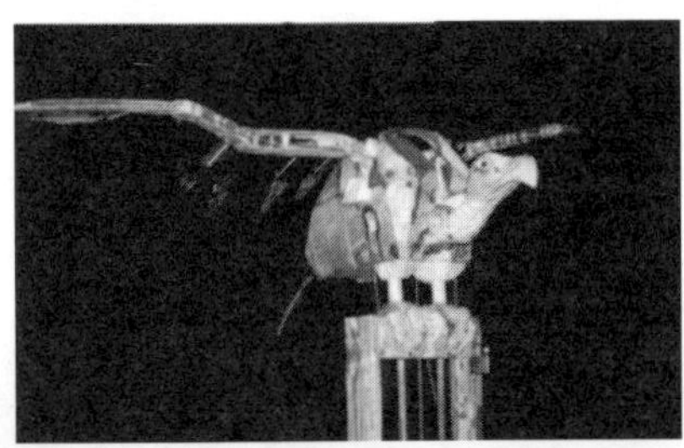

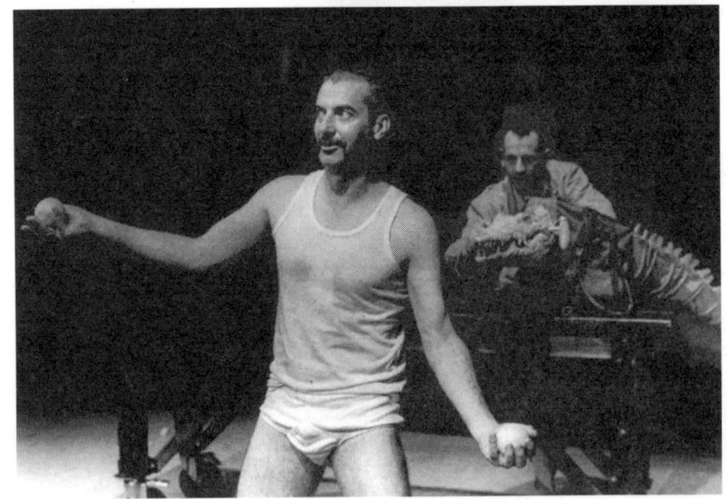

나 일 즈 : 목에 밧줄이 걸려 있는 남자도 남자가 아닐걸.

아버지 위뷔 : 으으으! 나좀 살려줘!

나 일 즈 : 이봐, 친구, 기다려봐. 그럼 상황의 패턴을 따라서 실험을 하나 해보자구. (오렌지 두 개를 집어든다.) 이 두 개의 동글동글한 것이 한 남자를 심판하게 되겠군. 오른손에 있는 건 당신의 명예고, 왼손에 있는 건 당신의 두려움이야. 그럼 당신의 명예와 두려움을 양손에 들고 재봐. 어떤 게 더 무거워?

이들은 함께 무게를 잰다.

아버지 위뷔 : 아주 불길하군. 여기, 내 왼손에 있는 것, 나의 두려움이 저울을 끌어내리는구나. 본인의 맷돌과도 같은 공포라는 육중하고 성가신 짐이 맞은 편에 있는 본인의 용맹을 공기처럼 가벼운 것으로 만드는구나. 나일즈, 본인은 이성과 과학적 증명을 통해 본인이 겁쟁이라는 것을 증명하였노라.

부분적으로 조명이 꺼진다. 아버지 위뷔가 무기력한 공포로 헐떡거리는 동안 나일즈가 퇴장한다. 어머니 위뷔가 들어온다.

2막 3장

어머니 위뷔 : 위뷔씨, 이 어린애 같은 양반아. 당신 그림자마저도 무서워하는 것 같구려.

아버지 위뷔 : 누, 누, 누구야? 뭐, 뭐, 뭐라고?

어머니 위뷔 : 여보! 정신 좀 차려요.

아버지 위뷔 : 우, 우, 위조, 아니, 용서해 줘.

어머니 위뷔 : 뭐라구? 정말 뉘우치는 거야? 약속해, 앞으로 다시는 여자
랑 ….

아버지 위뷔 : 뭐? 오 좋아, 좋아. (방백) 본인의 어리석은 마음이 본인을
배반할 뻔했도다. (어머니 위뷔에게) 나를 용서하시오, 부
인. 나는 당신만을 사랑하오.

스크린 자막 : 육체의 위로

막간 춤. 어머니 위뷔가 의자에서 내려온다. 아버지 위뷔가
그녀를 안으면 둘은 춤을 추기 시작한다. 이 장면에서는 이들
이 관객 앞에서 춤을 추다가 음악 볼륨이 줄어들면 잠시 동작
을 멈추고 각각 관객을 향해 말한다.

어머니 위뷔 : (관객을 향해) 여자는 사랑 받길 원하지. 그래서 남편을 되
돌리는 거야. 항상 우리는 남편을 되돌리지만, 변하는 건
없지.

춤 정지, 음악 볼륨이 줄어든다.

아버지 위뷔 : (관객을 향해) 무엇보다도 나는 마누라에게 내 비밀을 지
켜야 해. 그녀가 어떻게 나올지 누가 알겠어? 그러니 본인
이 알아서 해야지. 본인은 남들의 폭로에는 용감하게 맞설
수 있지만, 본인 스스로에 대해서는 좀더 신중해야 해. 그
러니까 군인은 스스로 혀를 깨물어야 한다고 하지 않던가.

육체의 위로

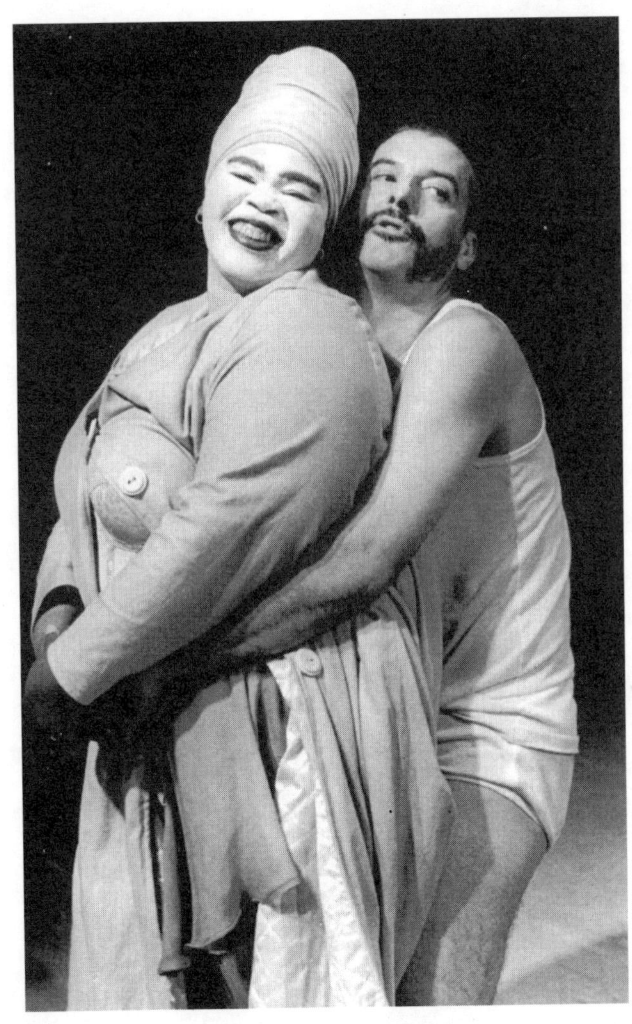

게다가 본인은 이 말도 안되는 고백이라는 것에 정말 충격 받았어. 처음엔 피바다를 만들더니 다음엔 눈물 바다를 만들어서 핏자국을 씻으려 하다니 말이야.

아버지 위뷔는 춤추고 어머니 위뷔는 퇴장한다.

아버지 위뷔 : 마누라는 어떡하냐고? 그녀는 자기가 무슨 말을 하는지 도무지 몰라. 내가 누군지도 잘 모르거든. 나라를 내주기 전에 본인은 온 세계를 모두 불태워 버릴거야.

돼지의 머리가 착용하고 있던 이어폰에 의해 폭파되는 애니메이션이 이 장과 다음 장을 연결한다.

2막 4장

두 번째 증인 인형이 인형 조작자와 함께 등장한다.

증   인 : Sebakanyana ga tsena mongwe mme a re, ba fisa ngwana wa gago.
누군가가 와서 사람들이 내 아들을 불태우고 있다고 말해주었습니다.
Ka simolola ka matha.
나는 달려가기 시작했습니다.
Ke ne ke sa itse kwa ke ne keya teng, ke ne ke matha fela.
어딘지도 모르고 그냥 뛰어갔습니다.

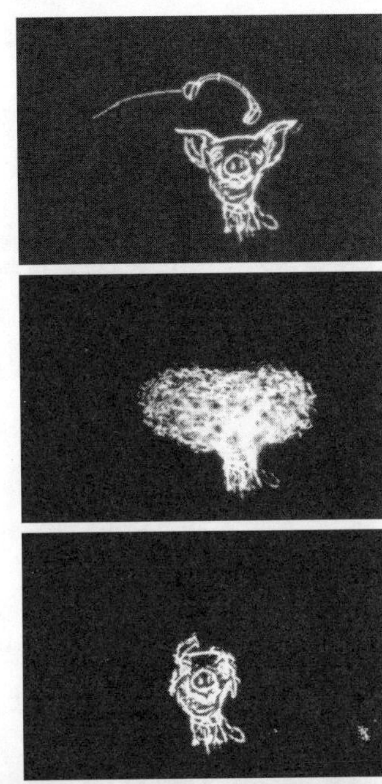

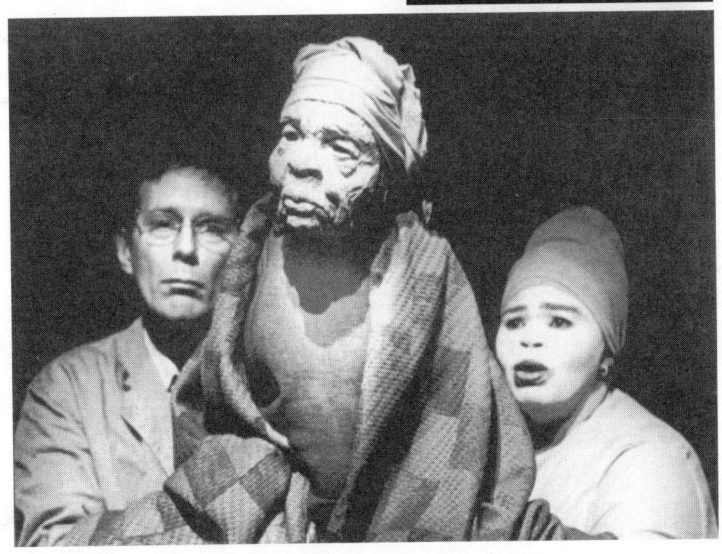

Ebe e le gore basadi bangwe ba mpiletsa morago.

그러자 어떤 여자들이 나를 불러 세웠습니다.

'Tlaya kwango, ba, tsene jaana.'

'이쪽이에요, 이쪽으로 갔어요.'

Ga ke fitlha kwateng ba ne ba motsentse taere mo mmeleng, ba mo tshetse ka petrolo.

내가 도착하자 그들이 내 아들 주위에 타이어를 하나 놓았더군요. 몸에는 석유를 뿌려 놓고요.

Ba mpha letlhokwana la metshisi le letukang gore ke le lathele kwa go ene.

그러더니 그들이 내게 불붙은 성냥을 주며 아들에게 던지라고 했습니다.

Ka letlhela letlhokwana kwa morago ga legetla me.

나는 성냥을 내 어깨 위로 던졌습니다.

Ba mpha le lengwe gape mme ba ntse be ntshosa.

그들은 다시 한 개를 주더니 나를 협박했습니다.

Ka le lathela kwa morago ga legetla me.

나는 그것도 어깨 위로 던졌습니다.

Ke dirile jalo go fitlhela bone ba lathela letlokwana lu letukang mo mmeleng wa agwe.

나는 그들이 직접 아들에게 불붙은 성냥을 던질 때까지 계속 그렇게 했습니다.

A tshwara mollo.

아들에게 불이 붙었습니다.

Ebe e legore ba tshaba

그러자 그들은 도망갔습니다.

길가에 가게를 차리는 상인 인형의 이미지는 아버지와 어머니 위뷔가 테이블 양끝에서 식사를 하는 동안 위뷔의 저녁 식탁에서 벌어지는 일을 표현한다. 시각적으로, 66쪽과 68쪽에 있는 아버지 위뷔와 어머니 위뷔가 이 이미지를 보충하여, 위뷔의 세계와 증인 인형들의 세계가 분리되었지만 서로 갈등하고 있음을 보여줄 수 있다.

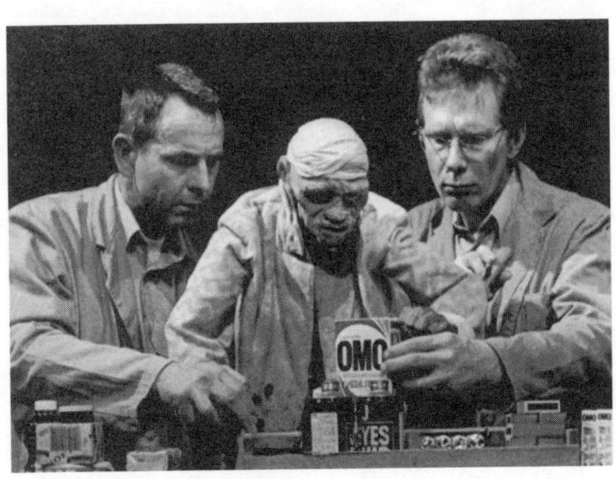

Go ne ga salla nna go lwela bophelo ba gagwe.

아들의 생명을 구하는 일은 나에게 달려 있었습니다.

Ka matha go ya go batla metsi, ga seke ga thusa.

나는 뛰어가서 물을 구해 왔지만, 도움이 되지 않았습니다.

Kelekile go mo gasa ka mmu.

나는 아들의 몸에 흙을 뿌려 보았습니다.

Mme o ne o semontsi.

그러나 충분치 못했습니다.

Bofelong ka tima malakabe ka kobo.

결국 나는 담요로 불을 껐습니다.

Ka motshwara.

나는 아들을 안았습니다.

Mmele othe wa gagwe one o tshele kwa ntle ga nko.

아들은 코만 빼고 온 몸이 불에 탔습니다.

O ne a nteba.

아들이 나를 올려다보았습니다.

Molomo wa gagwe o bulega − o tswlega.

그의 입이 열리더니 − 다시 닫혔습니다.

O bulega − o tswlega.

열리더니 − 다시 닫혔습니다.

Taaka wa nonyane.

새의 입처럼요.

Morago matlho a gagwe a fetola mmala.

그리고 아들의 눈이, 눈빛이 변했습니다.

조명이 꺼진다.

애니메이션이 이 장과 다음 장을 연결한다.

2막 5장

　무대는 테이블만 빼고 텅 비어 있다. 인형이 들어온다. 인형은 무대 중앙에 서서 노점상을 열기 위해 테이블 위에 이것저것 차려 놓는다. 표백제와 램프용 변성 알콜이 다양한 잡동사니들 속에 섞여 있고, 로션도 한 병 있다. 배경으로 길거리표 물건들을 파는 사람의 사운드 트랙이 돌아가며 분위기를 잡는다. 가게를 차리는 과정은 느리고 주의 깊게 이루어진다. 그동안 어머니 위뷔와 아버지 위뷔가 식사를 하기 위해 테이블에 자리를 잡는다. 이들은 가게 주인의 존재는 알아차리지 못하지만, 놓여진 물건들을 보고 이것들이 마치 자기들이 쓸 것 인 양 느긋하게, 그리고 거만하게 집어든다. 가게 주인은 물건이 하나 둘씩 없어지는 것은 알아차리지만, 내내 누가 자신의 물건을 훔쳐 가는지는 모른다. 그는 시야 반경이 제한되어 있어서 위뷔들이 앉아 있는 테이블 끝쪽은 보지 못한다.

　아버지 위뷔가 천천히 걸어 들어온다.

아버지 위뷔 : 음식을 줘, 부인 으음시이익! 약간의 공포처럼 남자의 식욕을 돋구는 건 없단 말씀이야. 본인은 너무 배고파서 말 한 마리라도 먹어 치우겠도다. 오늘은 무슨 개떡같은 요리를 준비했느뇨?

어머니 위뷔 : (목소리만) 손은 씻었수?

아버지 위뷔 : (관객을 향해) 천만에. 내 손에서 썩은 고기 냄새가 마치 장갑처럼 달라붙어 있는걸. 그렇지만 식욕을 채워 주면 잊어 버리는데 도움이 되겠지.

공연 내내 아버지와 어머니 위뷔와 증인 인형들의 스케일 및 연기 스타일의 차이가 강조된다. 이 장면에서는 인형의 세밀한 행위가 강조되어지며 인형은 의식을 치르는 동안 침묵을 지킨다. 대조적으로, 아버지와 어머니 위뷔는 크고 시끄러우며, 저녁 식사를 하는 동안 계속 상대방을 공격한다. 그러나 인형은 이들이 식사를 위해 자신의 가게에서 물건을 약탈하는 동안에도, 물건이 없어진다는 것 외에는 이들의 존재를 의식하지 못한다.

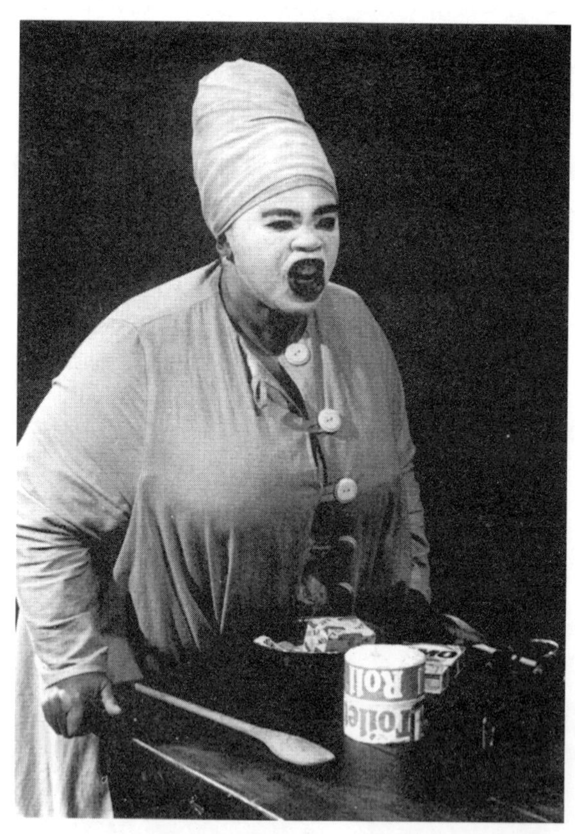

아버지 위뷔는 테이블 한쪽 끝에 앉아서 그의 식사 도구를
두드린다.

> 아버지 위뷔 : (테이블을 두드리며) 여보! 나는 배고프면 화가 난다구. 당
> 신 내가 화내는 꼴보고 싶지 않겠지.
> 어머니 위뷔 : (음식을 들고 등장하며) 당신이 무슨 짓을 해도 보고싶지
> 않아. 이 못난 코뿔소야.
> 아버지 위뷔 : 이 하마야!
> 어머니 위뷔 : 멧돼지!
> 아버지 위뷔 : 해파리!
> 어머니 위뷔 : 뱀장어!
> 아버지 위뷔 : (음식을 맛보며) 음. 아주 맛있는 양념이군, 우리 여보.
> 어머니 위뷔 : 맛있다니 기쁘네, 우리 여보.

침묵.

다음의 대화가 진행되는 동안 어머니 위뷔와 아버지 위뷔는
노점상의 물건들을 집어먹는다.

> 아버지 위뷔 : (먹으면서 큰 소리로 중얼거린다.) 우선 내일은 본인이 증
> 거를 없애고 그의 엉덩이를 폭파시켜야지.
> 어머니 위뷔 : 그래, 결국! 그런 다음에는 뼈를 묻어야 할거야.
> 아버지 위뷔 : (놀라서 어머니 위뷔를 쳐다보며) 뭐라고?
> 어머니 위뷔 : 내 말은, 뒷마당의 땅을 한 뙈기 파고 돌들을 가져다 버리
> 라는 거야.
> 아버지 위뷔 : 아아. 물론이지.

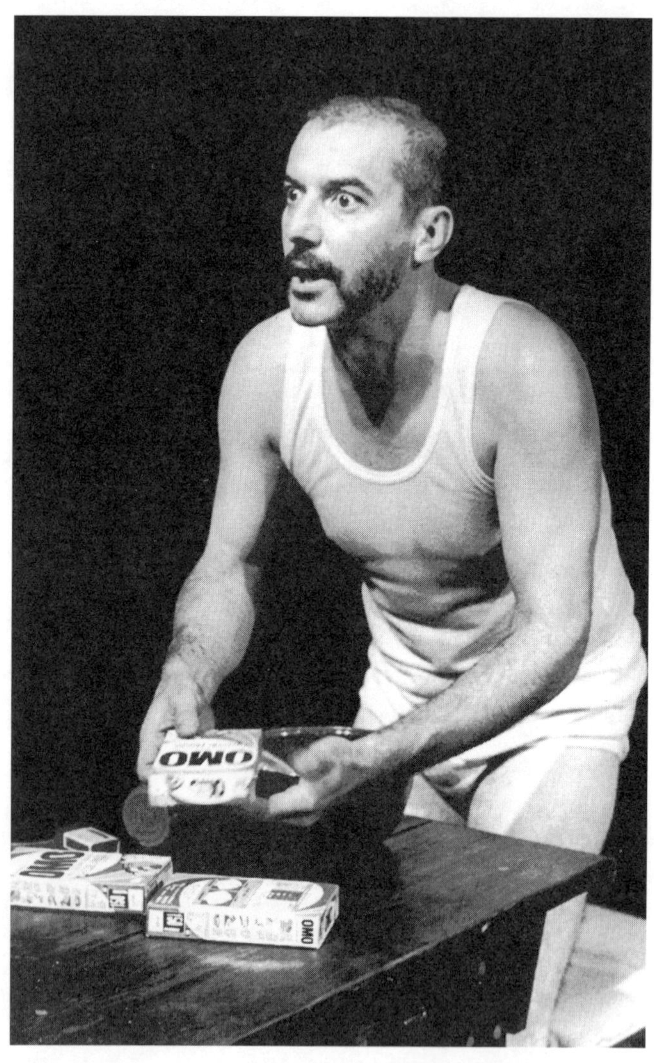

어머니 위뷔와 아버지 위뷔는 노점상에서 물건을 집어서 먹기 시작한다. 어머니 위뷔는 물건에 붙은 가격표를 살핀다.

어머니 위뷔 : 물가가 계속 폭등하고 있어.
아버지 위뷔 : 폭동이라고?
어머니 위뷔 : 요즘엔 팔다리만큼이나 비싸다니까.
아버지 위뷔 : 나는 아무 관계도 없어!
어머니 위뷔 : 소금 좀 줘 봐, 간 좀 맞추게.
아버지 위뷔 : 누가 강간이라고 그랬어?
어머니 위뷔 : 여보?

아버지 위뷔는 어머니 위뷔를 알아보지 못하는 것처럼 쳐다본다. 그러나 그녀는 이를 무시하고 코웃음친다.

아버지 위뷔 : 뇌 같이 생겼군.
어머니 위뷔 : 응?
아버지 위뷔 : (멍하니 앞을 보며) 뇌 같이 생겼어.
어머니 위뷔 : 나는 부엌에서 몇 시간이고 며칠이고 보낸다구. 그런데 할
            말이 그거밖에 없어? 정말 못됐군, 영감. 나한테 고마워하
            지도 않다니.
아버지 위뷔 : 쉬, 쉬. 자, 여보, 미안해. 이봐, 미안하다구. 젠장, 이거 진
            짜 맛있는데.
어머니 위뷔 : 고마워엉, 자기. (그에게 다정하게 웃어 준다.)

침묵. 아버지 위뷔는 다시 노점상의 물건에 손을 뻗는다. 이번에는 독이 든 상자가 잡힌다.

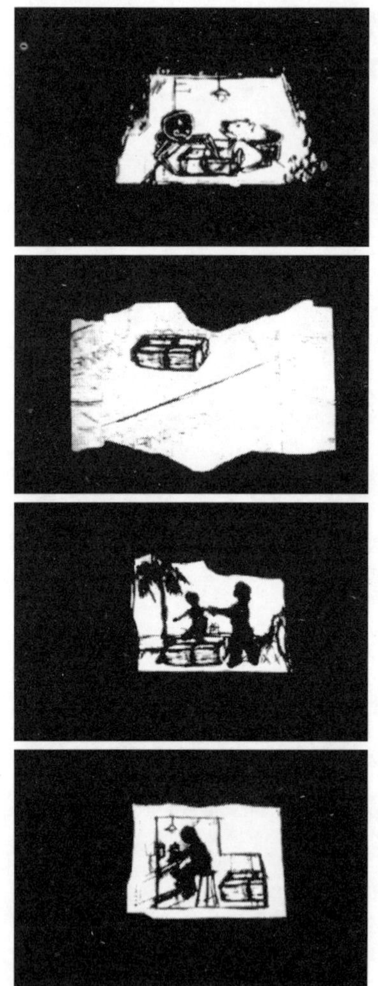

이 장면에서 아버지 위뷔는 개의 도움을 받아 꾸러미 한 개를 만든다. 아버지 위뷔는 길을 가면서 이 꾸러미를 던지고, 이 꾸러미는 지도처럼 상세하게 그려진 그림 위로 떠다닌다. 그리고 이 꾸러미는 가정집으로, 술집으로, 계속 내려앉는다. 어딘가에 안착할 때마다 이 꾸러미는 폭발하고, 폭발한 장소에서 다시 처음의 모습으로 되돌아온다.

아버지 위뷔 : (독을 들어올리며) 이런 썅! 여기저기서 공격해 오는 구만.
본인의 아내조차도 본인을 독살하려 하지 않는가! 이 죽음
의 약이 본인의 저녁 식탁에 어째서 올라와 있을까? 부인,
내가 확신하건대, 그대의 요리로 쉽게 본인을 죽일 수 있을
것이오!

어머니 위뷔 : 흥, 저것 좀 봐! 독이 어떻게 기어 들어왔는지 누가 알아?
옛말에 칼은 스스로 칼집을 찾는다 했어.

아버지 위뷔 : 조용히 하시오, 이 추한 노파 같으니라구. 남편을 배반하는
것은 조국을 배반하는 것이오. 따라서, 할망구, 본인은 그
대를 반역죄로 기소하여 교수형 시킬 것이오.

어머니 위뷔 : 판결하기만 해봐, 당신. 알아서 하라구.

아버지 위뷔 : 무죄! (고함을 지른 후 아버지 위뷔는 절망하고 의기소침
한 상태로 쓰러진다.)

2막 6장

무대 조명이 꺼진다. 아버지 위뷔의 휘파람 소리가 들린다.
휘파람이 그치면 애니메이션이 상영된다.

2막 7장

인형 조작자가 증인 인형과 함께 등장한다.

증   인 : Mapodisa a ne a tla go ntsaya mo ntlong yame.
경찰이 집으로 나를 데리러 왔습니다.

Bare ba bone ditopo tsa bana rona, bare ke tsamaye le bone goya go dibona.

우리 아이들의 시체를 찾아서 내가 그들을 보아야 한다더군요.

-Ga ke dibona-

-내가 그들을 보았을 때-

Di ne disena matlho.

그들은 눈이 없었습니다.

Kajalo ka gopola gore mollo o phantse matlho a bone.

글쎄, 내 생각엔 불에 타서 눈이 빠진 것 같더군요.

Di ne disena golo fa ga tlhogo.

머리에 이것도 없었습니다(두 손으로 머리 위쪽을 가리킨 후 두개골을 어루만진다).

E ne ele fela, ele fela golo fa-

이 부분하고 이 부분, 이 부분만 있었습니다(그녀는 눈썹 위의 이마를 어루만진다).

Fa gone- gone goseyo.

이 부분(머리 윗쪽을 가리키며)은 거기 없었습니다.

Gape ba ne basena matsogo, ba sena maoto.

그리고 두 손과 두 다리도 없었습니다.

인형 퇴장.

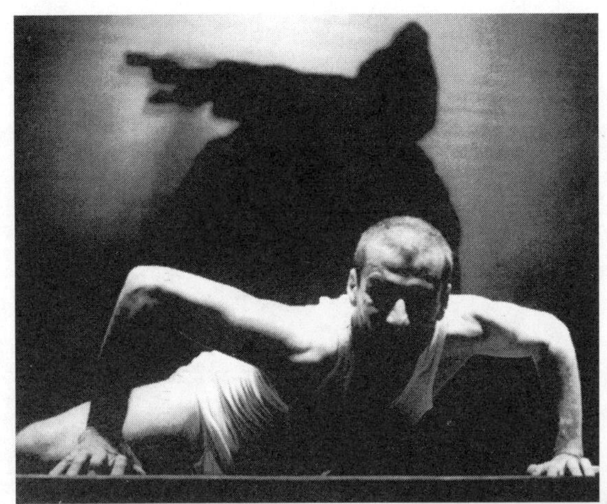

스크린에는 쟈리가 생각한 고전적인 모습을 본 딴, 거대하고 뚱뚱한 그림자 형상이 투영된다. 아버지 위뷔 역을 맡은 배우는 스크린 앞으로 등장하여 그림자가 움직이는 장면에 몸으로 응수한다. 그림자는 마지막으로 채찍질하는 동작을 하고 아버지 위뷔는 무대 위해서 채찍으로 맞는 동작을 취한다.

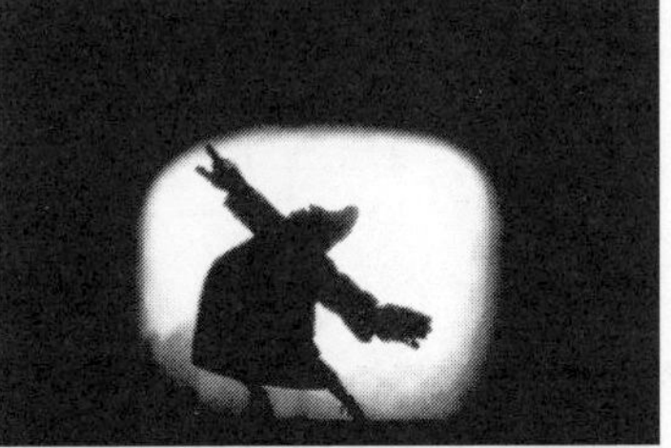

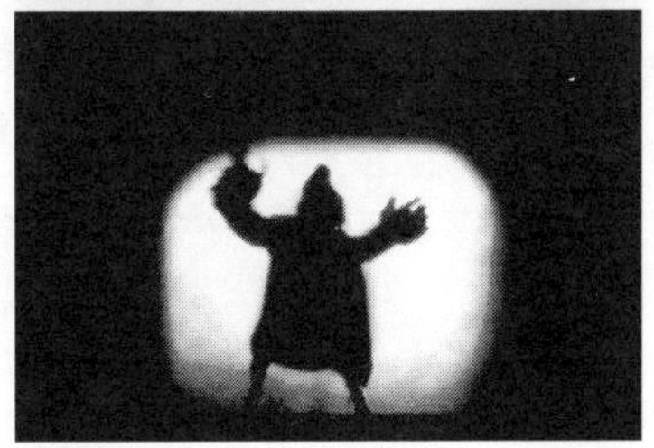

2막 8장

스크린 위에 애니메이션과 자막이 나타나면서 장면이 시작된다. 자막은 "그림자 — 춤". 마지막에 아버지 위뷔가 무대 위로 달려나와 물건들을 회수한다.

> 나 일 즈 : 안녀영 하신가, 장군. 아주 괜찮은 소동인걸. 내가 지금 은밀한 일을 냄새맡고 있는 건가?
>
> 아버지 위뷔 : 아, 나일즈. 본인은 그대의 충고를 숙고하였지만, 드러내기보다는 숨기기로 했도다.
>
> 나 일 즈 : 현명하지 못한 선택인걸, 대장. 항상 부스러기가 남게 되어 있는걸.
>
> 아버지 위뷔 : 그럼 그대가 청소를 도와주게.

이 말을 하면서 아버지 위뷔는 나일즈를 잡아서 그의 목구멍으로 서류를 쳐넣기 시작한다. 아버지 위뷔가 서류를 더 모으는 동안 나일즈가 끼어든다.

> 나 일 즈 : 이건 무슨 맛이지?
> 산산 조각난 두개골 한조각,
> 손목이 잘려진 손 한쌍,
> 털 깎기고 중독된 머리 가죽,
> 반쯤 타서 물집이 잡힌 피부.

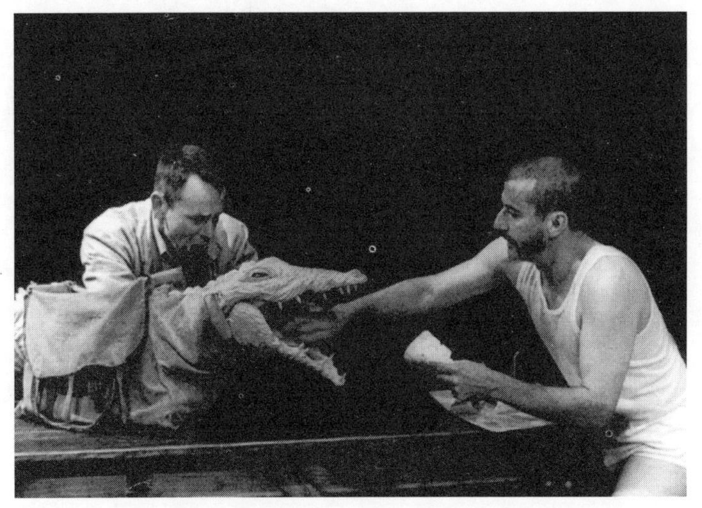

피아트 익스페리멘툼 인 코르포레 빌리라는 말이 있지.
실험은 무가치한 육신에 해야 한다는 말씀. 하지만 이건
좀 질긴데. 쉽게 소화되지는 않겠어.
침묵을 지키지 않았던 혀 한 조각,
고통은 아랑곳하지 않고 두드려 맞은 등짝,
반항의 몸짓으로 들어올려진 손 하나,
부서지지 않을 붉은 피의 심장 하나.
이봐, 대장. 당신이 먹여 주는 이 잡동사니들은 아주 맛이
고약한걸 (트림한다.) 어이구, 이건 몇 번 먹어 본 맛인데.

아버지 위뷔 : 먹어 치우게, 나일즈. 자, 착하지, 먹지 않으면 구두 밑창
에 박아 버릴테니까.

다시 나일즈에게 쳐넣는다.

나 일 즈 : 오오, 이건 알아보겠는걸. 이 덩어리는 쉽게 목구멍으로 넘
어가지 않겠다.

아버지 위뷔는 나일즈에게 쳐넣는다.

나 일 즈 : 그렇지만, 말하자면 당신도 한 두 개 정도는 남겨뒀을 것
같은데. 서랍 맨 밑의 고기 조각은 왜 안주는 거야?

아버지 위뷔 : 젠장, 우라질! 니가 이걸 어떻게 알아? (그는 뛰어 가서 필
름 틀을 가져와서 나일즈에게 쳐넣는다.)

나 일 즈 : 으으음. (만족한 듯한 소리를 낸다.) 맛있군! 그런데, 메인
코스는 언제 나와? 침실에 있는 속임수 가방은 어때?

아버지 위뷔 : 우라질 녀석! (그는 무대에서 달려나가 쭈글쭈글한 잡동사

니들이 들어 있는 가방을 가지고 들어와 나일즈에게 쳐넣
　　　는다.)
나　일　즈 : 이거 가슴까지 차 올랐는걸. 그만!! 나머지는 나중에 먹게
　　　잘 간직해 둬. 지금으로선 충분히 안전해. 우우우우우. (불
　　　편해서 신음하며 마루에 드러눕는다. 누우면서 관객을 향
　　　해 논평한다.) 선무당이 사람잡는다지만, 너무 많이 알아도
　　　탈이야. 그냥 모든 걸 다 아는 것이 가장 안전하지.

활대에 있던 독수리 인형이 운다. 스크린에 다음 자막이 나
타난다. 얼룩말은 어떤 풀을 먹어야 하는지만 알면 충분하다.

나일즈는 음식을 소화시키기 위해 테이블 위에 자리잡고 누
워서 잔다.

불이 꺼진다.

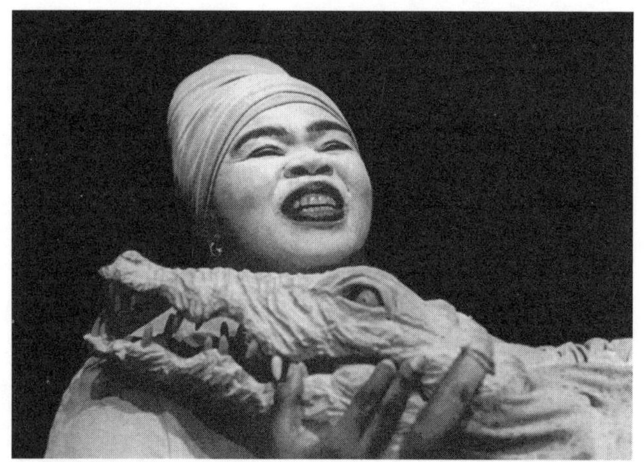

3막 1장

막이 열리면 어머니 위뷔가 홀로 안락의자에 앉아 있고 테이블 위에는 나일즈가 자고 있다.

어머니 위뷔 : 또 집에서 독수공방이군. 결혼이 이런 건가?

활대의 독수리 인형이 울고, 다음 자막이 스크린에 나타난다. 사냥 파수꾼의 아내는 가죽 칼라가 달린 옷을 입는다.

어머니 위뷔 : 매일 밤 개들과 싸돌아다니니. 저녁 같이 먹을 사람도 없고, 어디 초대받은 곳도 없어. 이건 정상이 아니야. 위뷔 양반, 우리가 다니던 무도회와 음악회는 다 어디로 간 거지? 그땐 참 좋았는데. 국제적으로 놀았거든. 지금은 조용히 어둠 속에 앉아 그가 오기만을 기다리는군. 그 양반이 오입질하고 다닌다는 증거만 잡으면 법정에 고소해서 숨겨 놓은 돈을 다 뜯어낼텐데.

어머니 위뷔는 의자에서 일어나 방안을 뒤지기 시작한다.

어머니 위뷔 : 정표로 나눈 선물이나 편지가 어디 있을텐데.

그녀는 퇴장하려 한다. 이때, 자고 있던 나일즈가 잠꼬대로 칭얼거리며 조금 움직이다가 다시 훌쩍거린다. 어머니 위뷔가 이를 본다.

어머니 위뷔 : 그런데 너는 왜 그렇게 배가 불룩 해 가지고 안좋은 꿈을
　　　　　　꾸고 있을까? 자 우리 아가, 엄마한테 오렴.

그녀는 나일즈를 끌어당겨 가슴에 안는다.

나　일　즈 : 어이, 손가락을 조심해, 이 친구야.
어머니 위뷔 : 그렇지만 나일즈, 나는 그저 남편이 무슨 거짓말로 너를
　　　　　　채웠는지 알고 싶을 뿐이야.
나　일　즈 : 그래, 어쩌면 당연히, 당신은 알아야 할 필요가 있을 지도
　　　　　　몰라.

3막 2장

　어머니 위뷔는 나일즈의 손잡이를 열고 아버지 위뷔가 쳐넣
었던 내용물들을 쏟아낸다. 구겨진 서류들과 누더기들이 나온
다. 이것들은 모두 아버지 위뷔의 정치적 범죄 행위들에 대한
증거와 문서들이다. 어머니 위뷔가 이것들을 하나씩 펼칠 때마
다 스크린에는 영상이 떠오르고 관객석에는 효과음이 들린다.
　이 장면에서 두 번 아버지 위뷔가 등장하여 폭로에 참가한
다. 그는 아프리칸스어로 이야기하고 어머니 위뷔가 이를 영
어로 통역한다.

범죄자 아버지 위뷔 : Ons het dit ‘tubing’ genoem.
어머니 위뷔 : 우리는 그것을 ‘배관 작업’이라고 부릅니다.
아버지 위뷔와 어머니 위뷔 : Ons vat’n binneband en trek dit oor die

gesig van die gevangene.

타이어 튜브를 가져와서 역류된 자의 얼굴에 씌웁니다.

Ons sny'n spleet in die binneband vir die tong.

혀가 나올 만 한 구멍은 뚫어 줍니다.

Die hoe ons die waarheid kry.

이런 방법으로 자백을 받아 냅니다.

Ons wurg hom, totdat hy iets het om to vertel.

우리한테 말 할 때까지 질식시키는 거죠.

Aan die lengte van die tong kan ons aflei hoe naby hy aan versomoring is.

혀의 길이로 그자가 언제쯤 기절할 것인가를 알 수 있습니다.

Ook as sy broek nat word, dan weet jy hy staan by die Pearly Gates.

또 그자가 오줌을 싸면 죽기 직전에 있다고 생각하면 됩니다.

As hulle nog steeds weier om te praat.

그래도 말을 안하면.

Het ons hulle doodgeslaan met ysterpype wat in die plaasstoor gele het.

농장에서 쓰는 쇠파이프로 죽을때까지 두들겨 팹니다.

Dit het ons in Cradock gedoen.

이것이 우리가 크래독에서 한 일입니다.

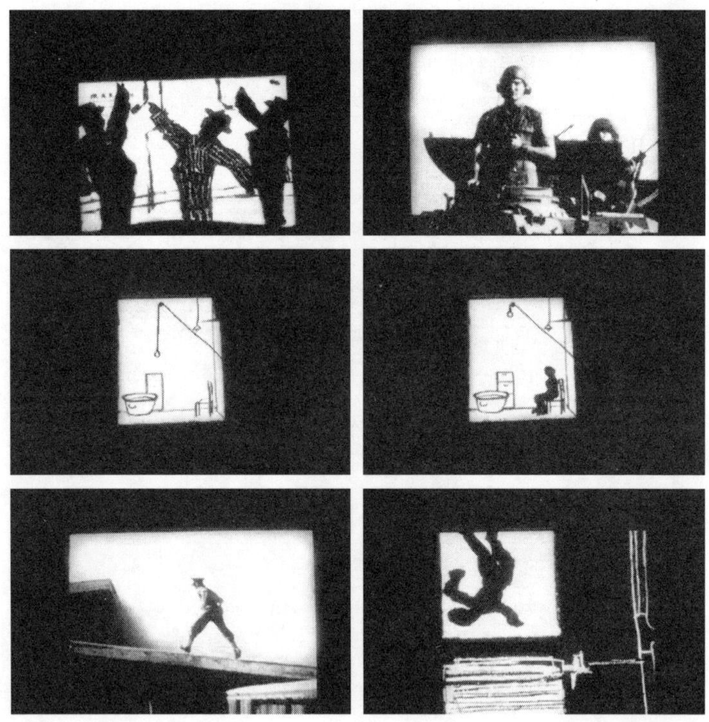

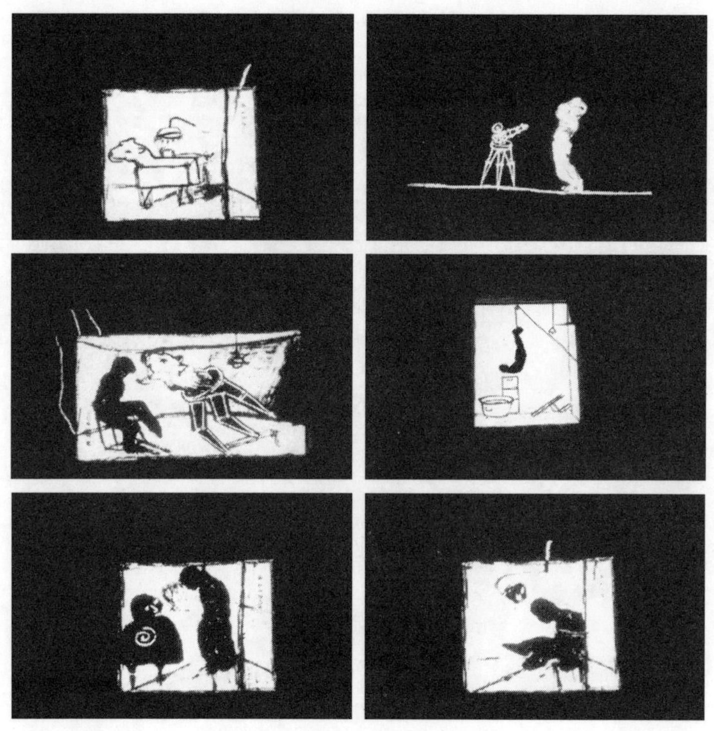

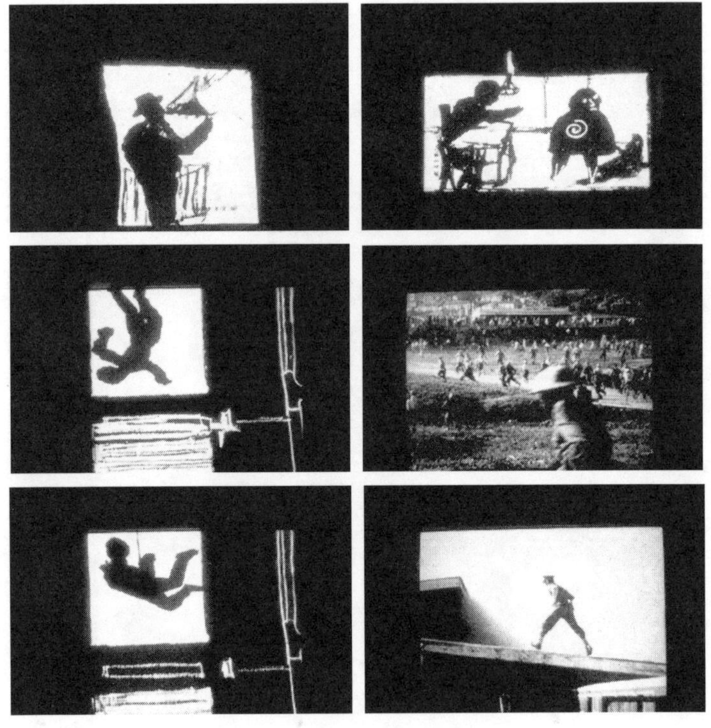

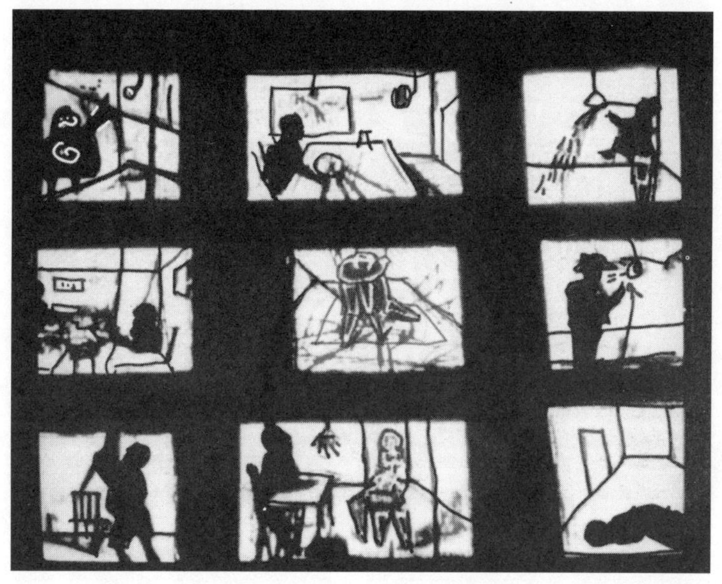

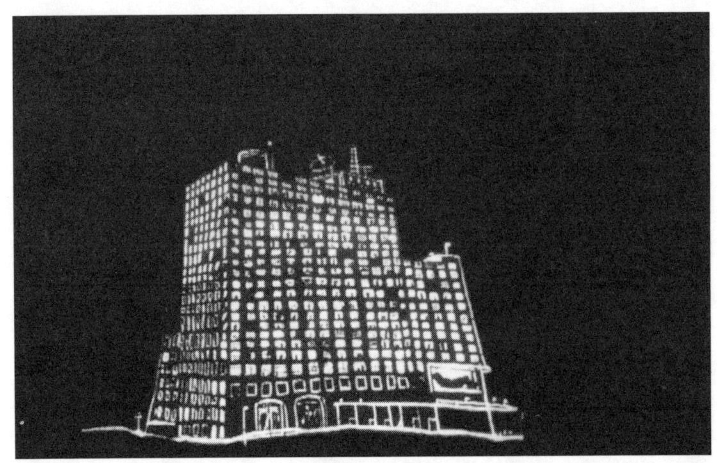

마지막으로 아버지 위뷔가 영어로 다음 진술을 한다.

아버지 위뷔 : 그들이 그의 머리에 마카로브 권총을 갖다 대고 방아쇠를
당겼습니다. 총은 고장이었습니다. 우리는 원주민 병사에
게서 총을 한 자루 더 가져왔습니다. 그것도 고장이었습니
다. 그래서 우리는 결국 그를 삽으로 때려죽였습니다. 그
리고 나서 그의 손과 발을 각각 잡고 타이어와 나무를 쌓
은 곳에다 놓은 후 석유를 뿌리고 불을 붙였습니다. 물론
시체 한 구가 재가 될 때까지 타려면 일곱 시간이 걸리지
요. 어, 그래서, 어 그 시간 동안 우리는 불 옆에서 술을
마시고 바비큐까지 해 먹었습니다.

증거 장면의 마지막에 다시 어머니 위뷔가 말한다.

어머니 위뷔 : (흐느끼며) 이 교활한 늙은 앞잡이 같으니라구. 우리 영감
이 이렇게 중요한 일을 하는지 몰랐잖아! 내내 나는 그 영
감이 나를 배반했다고 생각했는데 이렇게 열심히 일하면
서 더러운 검둥이놈들로부터 나를 보호했다니. (감상적으
로 눈물을 닦는다. 기분 전환.) 그렇다해도 이건 기회야.
조심해서 나쁠 건 없거든! 늙어서 매력이 사라지기 시작하
면 누가 돌봐 주겠어? 너무 많으면 짐만 되니까, 무시무시
한 얘기가 감추어진 이 작은 증거만 가져가서 팔아야지.
노후를 위해서 말이야. 물론 아주 먼 얘기지만.

그녀는 핸드백을 가지고 퇴장한다.

불이 꺼진다.

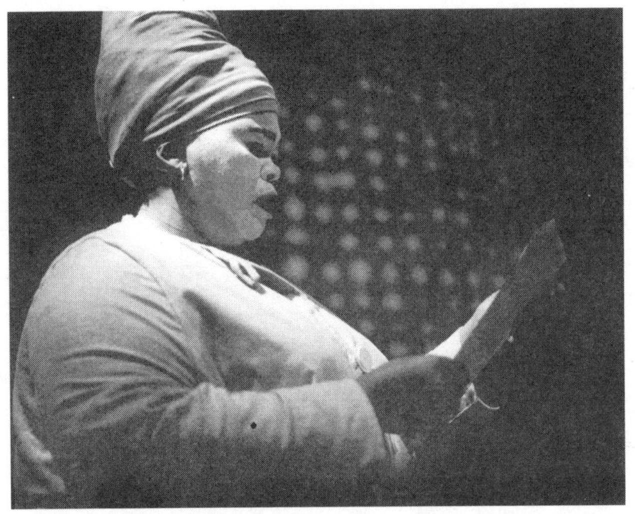

4막 1장

아버지 위뷔가 등장한다.

아버지 위뷔 : 부이이인! 본인은 목마르오.

침묵.

아버지 위뷔 : 부이이인! 본인은 시장하오.

침묵.

아버지 위뷔 : 부이이인! 본인을 무시하는 거요!!

침묵.

아버지 위뷔 : 이 여자가 어디 갔지? 내가 찾을 수도 있으니 밖에 나가선
안된다는 것을 알고 있을텐데. 부인? … 여보? … 자기야?
우후. 본인은 버림받았도다. 47세의 어린 나이에 고아처럼
버려졌도다. 나 홀로. 본인은 홀로 있다. 오직 밤의 텅 빈
가슴만이 본인을 둘러싸고 있구나. 밤이군. 밤이야. 여보.
빨리 와.

아버지 위뷔는 태아 같은 자세로 몸을 웅크린다. 그는 뮤직
박스를 꺼내어 핸들을 돌린다. '아프리카를 축복하소서('Nkosi

Sikelel'iAfrica', 남아공 국가)'가 연주된다. 아버지 위뷔는 잠이 들면서 꿈을 꾼다.

4막 2장

아버지 위뷔는 자면서 고통스런 꿈에 시달린다. 이 꿈들은 스크린 위의 애니메이션을 통해 제시된다. 삼각대 모양의 작은 물체가 아버지 위뷔의 머리 위에서 춤추면서 뾰족한 다리로 찔러 댄다. 위뷔의 저녁 식탁에 노점상을 차리던 인형이 등장하여 자고 있는 아버지 위뷔의 몸 뒤에서 서 있는 자세를 취한다. 그는 다음과 같이 증언한다.

증　　　인 : Lomlungu wesikhafu esibomuu, wadubula lomntwana ngompu.

붉은 스카프를 한 백인이 총으로 그 아이를 쏘았습니다.

Ndambona eruqa umntwana wam u Scholar.

나는 그가 내 아들 스콜라를 끌고 가는 것을 보았습니다.

U Scholar wayeseswekekile.

스콜라는 이미 죽어 있었습니다.

Wayemtsala ngemilenze njegenja njegenja ecunyuzwe endleleni.

그 백인은 내 아들의 다리를 잡고, 개처럼, 차에 깔린 개처럼 질질 끌고 갔습니다.

Ndambona esimba umgodi wokufaka ubuchopo buka Scholar.

나는 그가 스콜라의 뇌를 묻기 위해 땅을 파는 것을 보았습니다.

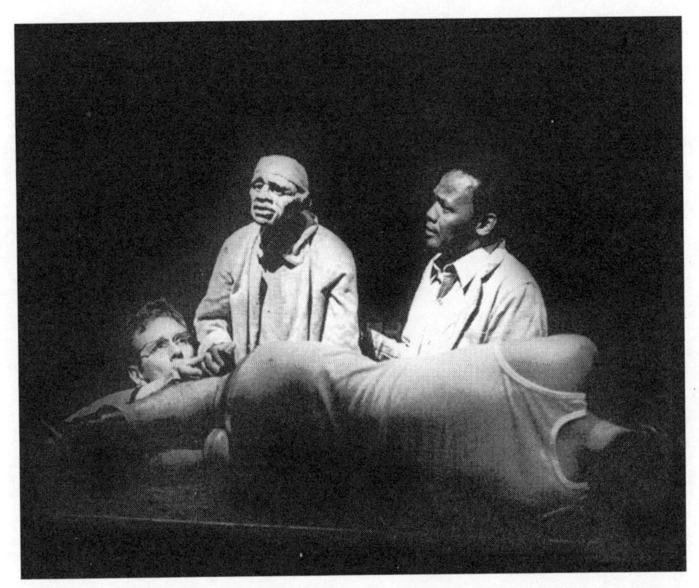

아버지 위뷔가 자는 동안 마치 꿈속에서인 것처럼 증인 인형이 등장하여 그의 몸 위에 선다. 증인은 자식의 죽음에 대해 이야기한다. 자고 있는 위뷔의 몸통은 때때로 증인 인형의 증언에서 묘사된 죽은 아이가 되는 것처럼 보인다. 그러나 아버지 위뷔가 자면서 몸을 움직이고 신음 할 때마다, 관객은 이것이 누워서 꿈꾸고 있는 사람의 몸이라는 것을 되새기게 된다.

이 네 개의 스틸 사진은 어머
니 위뷔의 TV 인터뷰 장면에서
따온 것으로, 무대 뒤의 스크린에
투영되며, 거대하고 신체에서 유리
된 것으로 표현되어야 한다. 95쪽
에 있는 사진을 참고할 것.

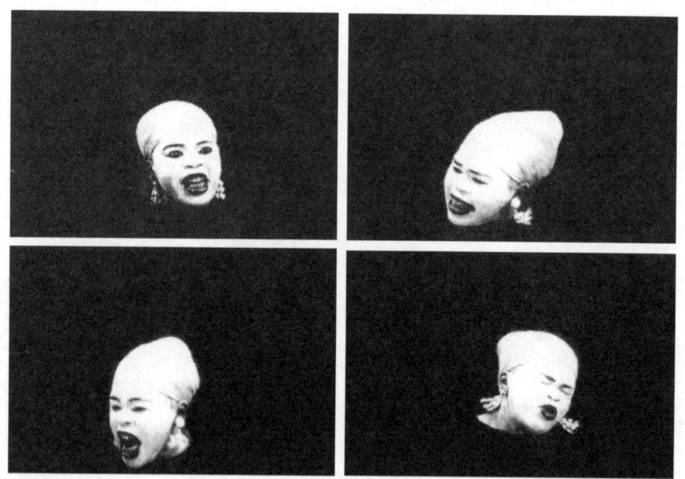

Ilanga lalithe nka kodwa suke kwabamnyama xa
ndimbona elele apho eli linxeba elingasoze liphele.
해는 떠 있었지만, 아들이 거기 누워 있는 것을 볼 때는
앞이 깜깜해졌습니다. 그건 끝없는 고통입니다.
Andiqondi ukuba iyakuze iphele entliziyweni yam.
내 가슴속의 이 고통은 결코 끝날 것 같지 않습니다.
Babephethe abantu okwe zilwanyana yiyo lento endenza
ndikhale kungoku,
그들은 사람들을 짐승 다루듯 했습니다. … 지금 제가 우
는 것도 그 때문입니다.
nokuba sekuyinja, awuyibulali ngoluhlob.
… 개라도 … 개라도 그렇게 죽이지는 않을 겁니다.
noba yimbovane, inmobane encinci,
개미라도, 하찮은 개미한테도,
uba novelwano ngembovane.
불쌍하다는 생각이 들 것입니다.
kodwa ngoku, abantwana bethu, babengathathwa
nanjengembovane.
하지만, 우리 아이들은, 개미만도 못한 취급을 받았습니다.

아버지 위뷔는 자면서 몸부림친다. 결국 그는 깨어나서 앞
을 응시한다.

4막 3장

　아버지 위뷔는 꿈에서 깨어나 스크린 위의 애니메이션에 나타난 어머니 위뷔의 머리를 본다. 그녀는 인터뷰 중이어서 마치 대형 TV 스크린에 비쳐지는것 같다.

어머니 위뷔의 영상 : (TV 리포터에게) 오 아니에요. 그이는 아주 친절했어요. 춤도 잘 췄구요. 사람들은 그이를 닐스트룸(Nylstroom, 남아공의 마을 이름)의 니진스키라고 불렀어요.

아버지 위뷔 : 저 년이 저기서 뭐하는 거야?

어머니 위뷔의 영상 : 이봐요, 그이는 호모가 아니에요, 내 말 알죠?

아버지 위뷔 : 누가 나보고 호모래?

어머니 위뷔의 영상 : 항상 주말 내내 친구들하고 어울려서 낚시를 다녔어요. 그이는 남자들하고 잘 어울렸어요. 뭐, 가끔은 여자들하고도 놀아나긴 했지만.

아버지 위뷔 : 도대체 무슨 말을 하는 거야?

어머니 위뷔의 영상 : (화가 나서 그를 째려본다.) 그는 당당한 사람이었어요. 아시겠어요? 자기 앞가림은 했다구요.

아버지 위뷔 : 저 놈의 여편네, 도대체 무슨 짓거리야?

어머니 위뷔의 영상 : (무시하며) 창조적인 면도 있었어요. 항상 손으로 뭔가를 하고 있었죠.

아버지 위뷔 : 입다물어, 이 촉새야! (Thula, phela khula!) (어머니 위뷔가 아버지 위뷔 쪽으로 고개를 돌린다. 아버지 위뷔는 TV 리모콘으로 스크린 영상을 끄려 한다.)

어머니 위뷔의 영상 : (TV 리포터에게) 그이는 영어를 배우기 전에 코사

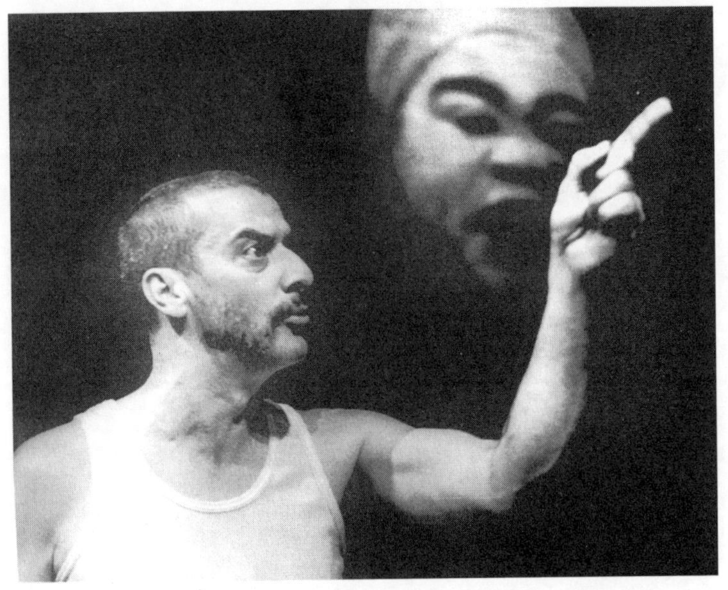

어(Xhosa)부터 배웠어요. 정원을 돌보는 흑인들과도 언제든 이야기할 수 있었죠. 아유, 그이는 손에 잡히는 곤봉의 감촉을 정말 좋아했다우.

아버지 위뷔 : 잠깐. 이게 지금 어떻게 돌아가는 거야? 부인, 입 닥치지 않으면 그대의 골을 파 버리겠어. 골이 비었으면 머리통을 잘라 버릴 거야.

어머니 위뷔의 영상 : 그이가 좋아하는 음식이요? (콧노래를 부르며 생각해 내려 애쓴다.)

아버지 위뷔 : 고기잖어, 이 여편네야.

어머니 위뷔의 영상 : (생각난 듯이) 고기였어요. 특히 좋아하는 고기가 있었어요. 원숭이 땀으로 만든 소스를 곁들인 먹음직스런 스테이크. 그이는 술도 좋아했어요.

아버지 위뷔 : 나는 빌어먹을 알콜 중독자가 아니야!

어머니 위뷔의 영상 : 그렇지만 취한 걸 본 적은 없어요.

아버지 위뷔 : 그렇지!

어머니 위뷔의 영상 : 자기 주량은 지켰어요.

아버지 위뷔 : 그렇지, 바로 그거야!!!

어머니 위뷔 : (아버지 위뷔에게 방백) 이것봐! Ndidikwe yilembaxo uyenzayo wena, kunini uphoxana phakathi kwabantu!4) (TV 리포터에게) 그이에게 죄가 있다면, 너무 충직한 게 탈이었다는 것밖엔 달리 할 말이 없군요.

아버지 위뷔 : 니가 충직함에 대해서 뭘 알어? 이 배신자!

어머니 위뷔의 영상 : (아버지 위뷔에게 방백) Yintoni ozokuyenza olokuqala nje, ufunantoni apha?5)

---

4) 이봐, 이런 우스운 짓에는 이제 질렸어. 언제까지 사람들 앞에서 나를 망신줄꺼야?
5) 도대체 여기서 뭐하는 거야? 뭘 바래, 앙?

(TV 리포터에게) 요 몇 년간 그이가 무슨 짓을 하고 다녔
는지 알고서는 놀라서 까무러치는 줄 알았어요.

아버지 위뷔 : 무슨 소릴 하는 거야?

어머니 위뷔의 영상 : 여기 지도랑 계획서랑 명단이 있어요. 아주 중요한
명단이죠.

아버지 위뷔 : 부인! 그건 국가 기밀이오!

어머니 위뷔의 영상 : 그리고 수표책하고 필름하고 테이프도 있고, 없는
게 없어요. 그이는 왠만한건 훤히 다 꿰고 있었거든요.

아버지 위뷔 : 내가 잡혀가면 넌들 무사할 줄 알어!

어머니 위뷔의 영상 : (아버지 위뷔에게 고함친다) Kutheni lento
uzokuphoxisa ngam phakathi kwabantu abaninzi
kangaka? Uyaintoyokuba, mna, njengoba ndilapha nje
ndize njenxa yoba ndizokwenza umabonakude. Ngoku
ujokuphoxisa ngam phakathi abazinzi kangaka. Yhu!
Uqaqadekile yaz'ba uqaqadekile. Yaz'ba bendingakwazi
uba uqatsele kangaka. Yhu. Awusoze undiphoxe mna
andiphoxakali kalulu. Ukrwada into oqale ngayo.
Ufuzile ufz'unyoko ngobukrwada obungaka.6)

아버지 위뷔 : (어머니 위뷔에게 고함친다.) Jou dom ding – wat die vok
doen jy? Jy het ons al twee vermoor – weet jy nie wat
angaan nie? Wie die donner dink jy is ek? Ek gaan
jou slaan teen die muur totdat jou tande uitval, jou

---

6) 왜 이 많은 사람들 앞에서 나를 무시하는 거야? 난 지금 텔레비전
인터뷰하려고 여기 온 건데, 알아 몰라? 근데두 이 많은 사람들
앞에서 나를 놀려? 이런 염병할! 더럽게 성가시게 구네. 다시는
나를 무시하지 못하게 해주지. 쉽게 무시 못할 걸. 이런 싸가지
없는 영감 같으니라구. 지 에미를 꼭 닮았다니깐.

blerrie stuk biltong. Kom, kom. Ek sal vir jou wys, wat
is 'n man! Kom! Jou Ma se gat![7]

어머니 위뷔의 영상 : (다시 TV 리포터에게) 아니요. 아직 계약서에 사인
은 안했지만 거의 한 거나 마찬가지예요.

이 때 아버지 위뷔는 TV 리모콘으로 스크린 속 어머니 위뷔
의 목소리를 없앤다.

아버지 위뷔 : 믿을 수가 없군. 텔레비전에 나오는 현상을 믿어선 안된다
는 것을 알고는 있었지만 – 마누라가(스크린을 가리킨다.)
– 그녀가 나오다니! 본인을 팔아먹었어! 본인을 욕보이고!
본인을 망가뜨렸어. 본인의 비밀을 가장 비싼 값으로 팔겠
단 말이지. 이런 미련 곰탱이! 집에 오기만 해봐라! 채찍
맛을 보여주지.

4막 4장

토이토잉(Toyi-toying) 음악[8]이 배경으로 깔린다. 커다란 아버
지 위뷔의 그림자 형상이 등장한다.

---

7) 저런 머저리 같은 년 – 이게 무슨 지랄이야? 우리 다 죽게 생겼어 –
   일이 어떻게 돌아가는지 몰라? 도대체 내가 누구야? 저년의 낯바
   닥을 벼랑빡에 문대가지고 이빨을 분질러 버려야 하는데. 이 포
   를 뜰 년! 이리 와 봐, 내 뜨거운 맛을 보여주지. 얼른 안 와! 니미
   씨발!
8) 남아공에서 거리 시위를 할 때 시위대가 군인과 경찰에 맞서기
   위해 발을 구르고 손뼉을 치며 춤출 때 사용되던 노래.

스크린을 통해 보았던 커다란 위뷔 형상은 여기서 실물 크기의, 3차원의 몸을 가진 인형이 되어 등장한다. 4막 4장을 참고할 것.

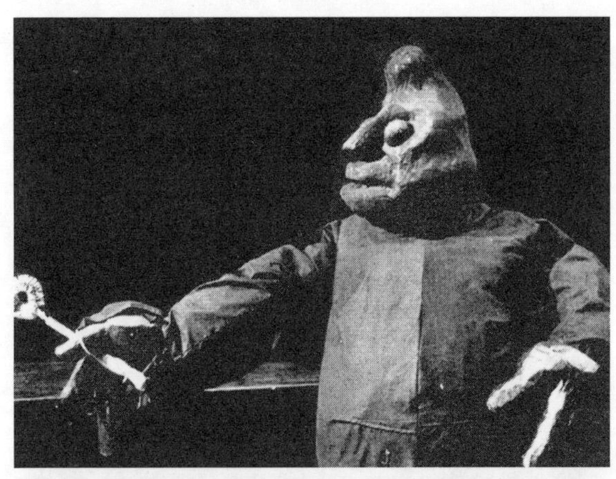

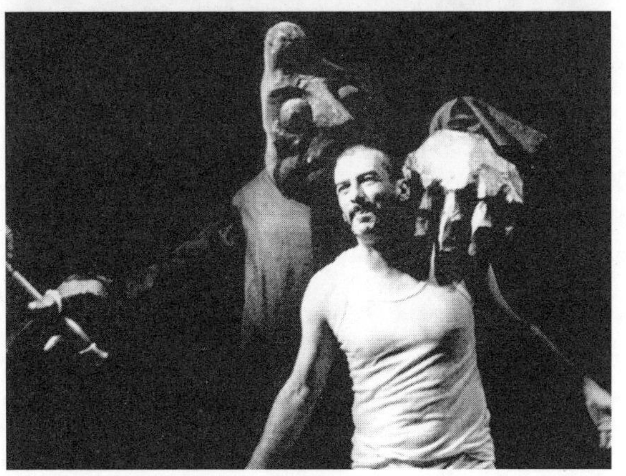

아버지 위뷔 : 누, 누, 누구요?

그 림 자 : 우리 전에 만났었지. 전쟁터에서.

아버지 위뷔 : 아, 당신이군.

그 림 자 : 충고 하나 해주러 왔네. 정확하게 말해서, 현재 자네는 두 가지 중 뭘 선택해야 할지 고민하고 있어. 숨길 것인가, 드러낼 것인가. 그렇지 않나?

아버지 위뷔 : 정말 간략하게 말하는군.

그 림 자 : 다른 방법이 있다는 걸 알려주지. 죄의 짐을 옮겨놓는 거야. 선수를 치라고. 이름을 바꾸고, 비난받을 만한 모든 자취를 없애는 거야. 자네 인생의 줄거리에서 자신을 빼내라구.

아버지 위뷔 : 본인은 부끄러워 할 일이 없어. 본인은 해야 할 일을 한 것 뿐이야!

인형조작자가 증인 인형을 가지고 들어온다.

증 인 : Indela abambulala ngayo unyana wam, bemnititha edongeni, saza samfumana enetloko edumbileyo.

그들은 내 아들을 벽에 부딪혀서 머리를 부숴버렸습니다.

bambulala ngolunya andiqondi ukuba ndigaze ndixole kwelitiyala.

그들이 이렇게 처참하게 아들을 죽여서 이 일은 결코 용서할 수 없을 것 같습니다.

ngakumbi lamapolisa enza lento nala ayekhona.

특히 이 일을 저지른 경찰과 거기 있던 사람들은요.

Andiqondi ukuba noba ndigabekwa ukuba ndibe ngumsebenzi emakhitshini ukuba ndigadlisa ityhefu

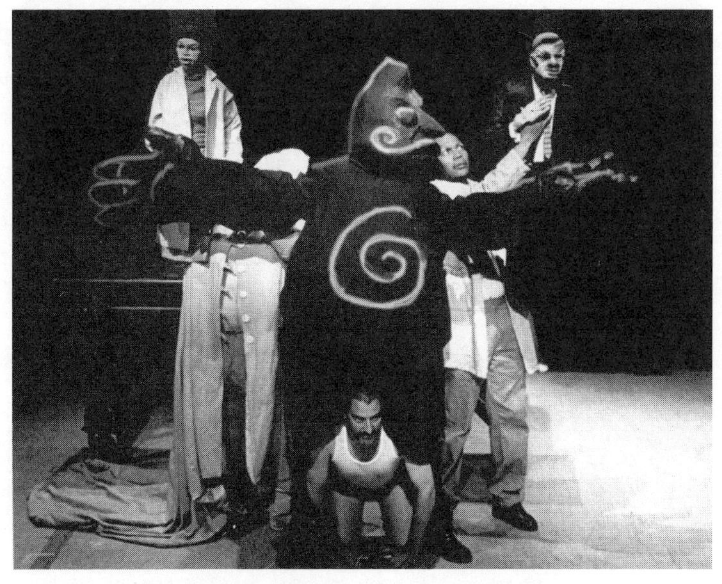

abantwana babelungu.
나는 아무 생각도 없어요. 할 수만 있다면 하녀로 들어가
서 그 백인들의 자식을 독살하고 싶습니다.

아버지 위뷔 : 개인적인 감정은 없었어. 그건 전쟁이었다구!

인형이 퇴장한다. 다른 인형이 등장한다.

증   인 : Ba ne sa utlwisa bonna jwa me botlhoko ka motlhakase.
그들은 나의 그곳을 전기 고문했습니다.
Mongwe wa bona o ne a gotetsa motlakatse.
한 명은 스위치를 올렸습니다.
O mongwe o ne a gatelletse go botsa 'A oa batla go re
bolella gore Edwin a kae?'
다른 한 명은 계속 물었습니다. '에드윈이 어디 있는지 말
할테냐?'
Kgapetsa kgapetsa ke ne ke babollela gore ga ke itse
kwa a leng teng.
나는 계속 모른다고 말했습니다.
O mongwe o ne a tshwere bontlha bongwe ba toulo
mme o mongowe a tshwere bo bongwe.
그들은 수건으로 나를 질식시키기도 했습니다.
Bobedi ba bone ba e goga ka thata
한 명이 수건 한 쪽 끝을 잡고, 다른 한 명이 다른 쪽 끝
을 잡고 당겼지요.
Ke a itse gore ke bo mang banna ba badirileng se mo
gonna.
나는 내게 이런 짓을 한 자들이 누군지 알고 있습니다.

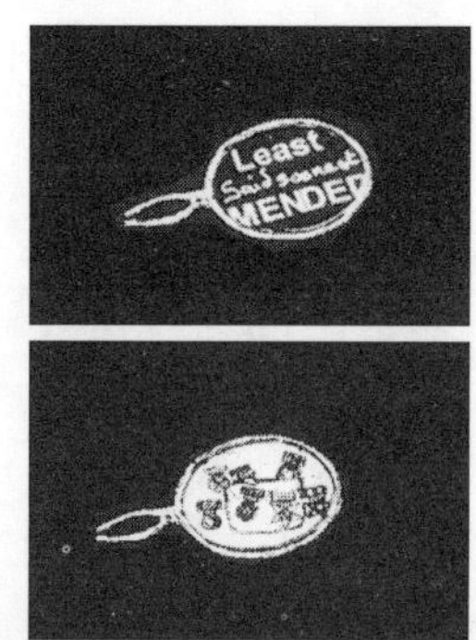
Least
Said soonest
MENDED

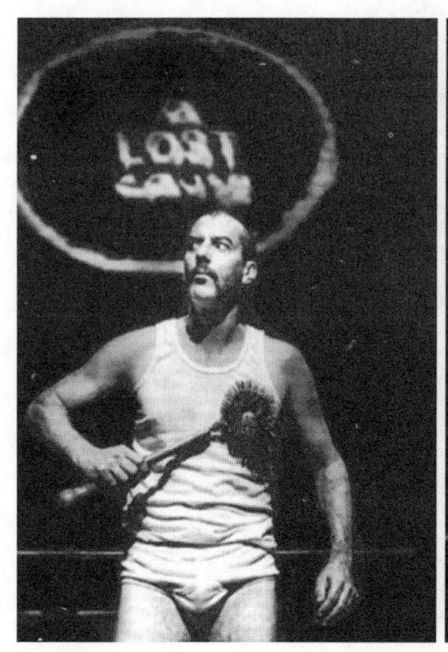
A
LOST
CAUSE

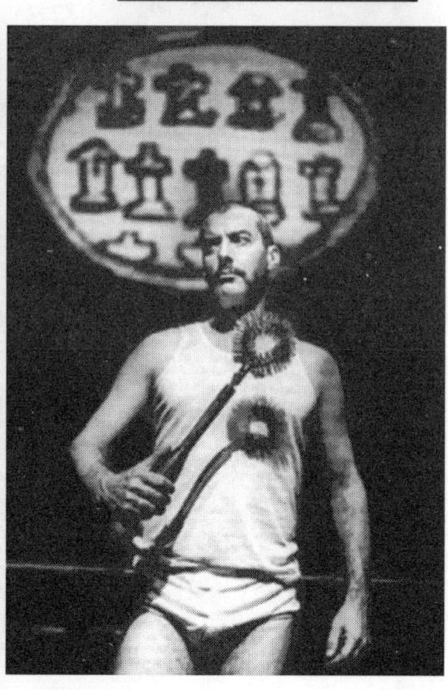

아버지 위뷔 : 이런 공산주의자 같으니라고! (인형에게 소리친다.)

그 림 자 : 이들은 계속 증언 할거야. 내 말을 안들으면 위험해질 걸.

그림자가 사라진다. 아버지 위뷔는 혼자 남아 있다. 그는 순간 어찌할 바를 모른다. 그러나 다시 제정신을 차린다.

아버지 위뷔 : 어쩌면 결국 저 친구 말이 맞을 지도 몰라. 갈퀴가 내 엉덩이를 찌르는 느낌인데.

4막 5장

아버지 위뷔는 변기 솔을 들고 거울을 보고 있다. 그는 얼굴을 자세히 관찰하며 여드름을 짠다. 그러면 스크린 위에 애니메이션이 나타난다. 애니메이션과 함께 아버지 위뷔는 변기 솔을 일종의 가이거 계수관(방사능 측정기)처럼 사용하여 자신의 몸을 검사한다. 아버지 위뷔는 목청을 가다듬고, 보이지 않는 넥타이를 고쳐 맨 다음, 잠시 쉬었다가, 마치 공식적인 진술을 하는 것처럼 연습하기 시작한다.

아버지 위뷔 : 제가 죽을때까지 떠 안고 살아야 할 것이 한가지 있습니다. 그것은 제가 죽인 사람들의 시체이며, 저는 이들은 제 무덤에까지 끌고 가야 합니다. 후회요, 분명히 말하는데, 후회 많이 합니다. 후회막심입니다.

고개를 든다.

아버지 위뷔 : 본인은 나라가 어떻게 돌아가는지를 알고 있었기 때문에
선택의 여지가 없어 보였도다. 항복해야 한다면 브루터스
를 데려가야겠다. 그러면 모든 책임을 정치로 돌려서 위원
회를 현혹시킬 수 있을 테니까.

활대에 앉은 독수리 인형이 울고 스크린에 다음 자막이 나
타난다 : 밀물의 수위는 다양하지만, 썰물은 바다을 분명히 드
러낸다.

아버지 위뷔 : 브루터스! 이리 와. (휘파람을 분다.)

개들이 터벅터벅 걸어 들어온다.

머   리 1 : 명령만 내리세요.
머   리 2 : 기분 좋은 말이라도 해드릴까요?
머   리 3 : 누구의 목을 벨까요?
아버지 위뷔 : 얘들아, 하던 일에서 손을 씻어야겠다. 이제부터 쇼를 해
야 돼.

개들이 으르렁거리기 시작한다.

머   리 1 : 벌써요, 위뷔씨? 내 생각엔 당신이 계획하고 있는 건 토크
쇼 같은데요.

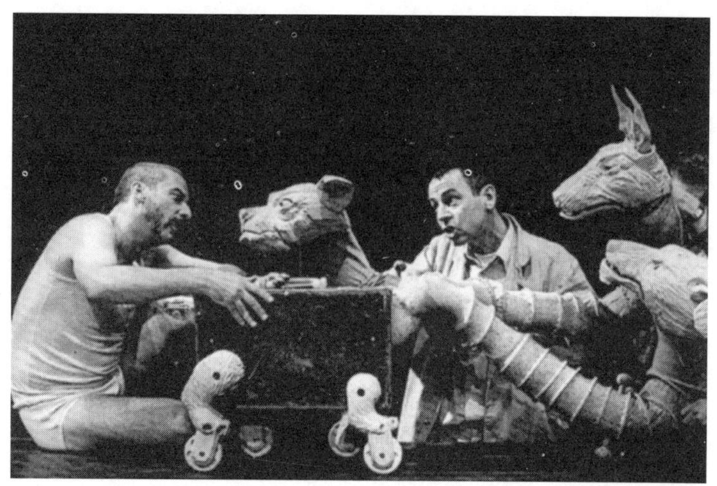

머   리 2 : 당신 말을 따르고 싶지만, 주인님, 우린 이미 이 얘기를 해
                봤는데, 차라리 혀 깨물고 죽는게 낫다고 결론지었다구요.
머   리 3 : 어쨌든, 우리가 관련되었다는 증거는 없잖아요? 발자국 하
                나 남아 있지 않다구요.
머   리 2 : 우리한테서 뼈 조각 하나도 찾아내지 못할 걸.

이 어설픈 농담에 개들은 같이 썰렁하게 웃는다.

머   리 1 : 솔직히 충고하건대 우리말을 들으세요, 주인님. 단결하지
                않으면 재난이 더 빨리 닥친다구요.
머   리 2 : 반대하는 기미가 조금이라도 있으면 정말 슬퍼질거에요.
머   리 3 : 침묵의 공모가 우리의 단결된 의지지요.
머   리 2 : 바로 그거에요! 입다물고 죽은 듯 있으면 일 이 년 안에
                다시 옛날로 돌아갈 수 있을거에요.
아버지 위뷔 : 맞아, 맞아. 너희가 옳아. 우리 모두 똘똘 뭉쳐야 해.

이때 아버지 위뷔와 개들은 노래를 시작한다.

노래.

아버지 위뷔 : 우리 브루터스가 단결하자고 말했네.
머리들 합창 : 단결이라네.
아버지 위뷔 : 뭉쳐야 죽지 않는다고 나를 설득했다네.
합   창 : 죽을때까지.
아버지 위뷔 : 침묵의 조약을 이 세 마리 개와 조인했다네.
합   창 : 조인했다네.

아버지 위뷔 : 우리의 폭력 행위는 너무 엄청나서 공표 할 수 없다네.
합　　　창 : 공표 할 수 없는 폭력.
아버지 위뷔 : 외상 이후의 스트레스로 인한 정신 이상이니 정상을 참작
　　　　　　해 달라고 해야지.
합　　　창 : 정신 이상이야.
아버지 위뷔 : 투와 투를 합치면 그 위선적인 소환을 피할 수 있지.
합　　　창 : 투투, 투투.
아버지 위뷔 : 대주교의 계획은 무지개를 약속할 지 몰라도, 우리에겐 좋
　　　　　　은 날이 아니지.
합　　　창 : 투투, 투투.

어떤 계획이 떠오른다. 개들이 재즈 스타일의 노래를 하는 동
안 아버지 위뷔는 까치발로 몰래 나갔다가 서류들을 들고 들어
온다. 개들은 노래를 마치고 잠이 든다. 아버지 위뷔는 조심스
럽게 가방으로 된 브루터스의 배를 열고, 증거를 채워 넣는다.

아버지 위뷔 : (무대 앞쪽에서) 좋아. 개들한테는 재갈을 물려놓았구. 손
　　　　　　을 씻게 하게 하려면 먼저 더럽혀 놓아야지.

아버지 위뷔는 서랍으로 가서 낡은 앨범을 꺼낸다. 그는 앨
범을 넘겨 가며 사진들을 고친다.

아버지 위뷔가 무대에서 살금살금 나간다. 스크린에는 개줄
과 개 밥그릇이 각각 세 개씩 있는 이미지가 나타나고 개들이
울부짖는 소리가 들린다.

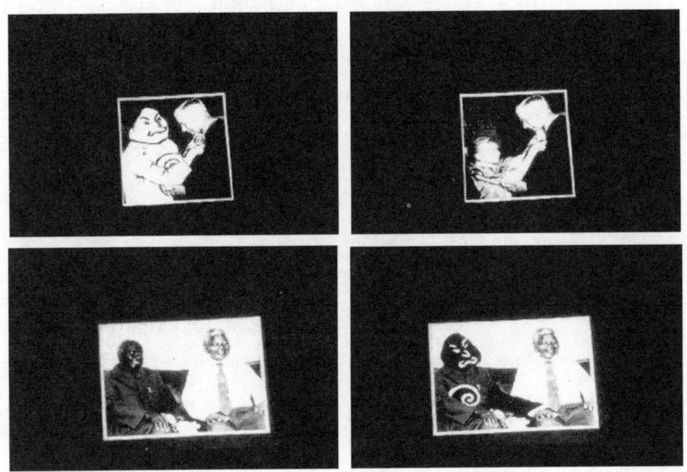

5막 1장

브루터스에게 판결이 내려진다.

판   사 : 국가 대 브루터스와 브루터스와 브루터스의 사건 선고입니
다. 죄과가 각각 상이하다고 판단되었으므로 세 가지의 다
른 판결을 내리겠습니다.

첫 번째 사건 : 정치적 업무를 책임지는 자라 할지라도 자
신의 이상이 어떻게 실행되는지 항상 예측할 수 있는 것은
아니다. 따라서 피고는 무죄이며, 은퇴 후에 연금을 지급
할 것을 선고한다.

군부 책임자 건 : 피고를 이 야만적인 행위와 직접적으로
관련시킬 만한 증거는 없다. 하지만 피고를 본보기로 삼아
이러한 일이 계속되지 않도록 해야 할 것이다. 따라서 피고
에게 새로운 정부의 군대에서 삼십 년 간 대장으로 복무할
것을 선고한다.

마지막으로, 이 무시무시한 행위의 대리인이 된 개 건: 피
고는 희생자의 가족에게 범인으로 지목되었다. 피고는 어
디에나 자신의 행위의 자취를 남겼다. 따라서 피고에게 징
역 이백 십 이년을 선고한다.

선고가 내려지는 동안 개들은 다음과 같이 반응한다:

머   리 3 : 저 판사 엉터리 아냐.

머   리 2 : 우린 모두 같은 죄를 지었다구.

머   리 3 : 사면! 사면을 요구한다! 우리를 진실 위원회에 보내 달라.

할 말이 더 있다!
머   리 2와 3 : 그렇다, 우리도 할 말이 있다. 우우, 할 말이 얼마나
많은데! 우리에게 말 할 기회를 달라!

불이 꺼진다.

스크린에는 감옥의 창살 그림이 떠오른다. 브루터스는 창살 그림을 뒤로 한 채 무대 위에 남아 있다.

5막 2장

아버지 위뷔가 들어온다. 그는 관객에게 이야기한다.

아버지 위뷔 : 좋은 변호사는 어떤 자물쇠도 열 수 있는 마스터키와 같다
지만, 브루터스의 판사는 키 없는 자물쇠처럼 그놈을 영영
가두어 놓겠구나. 사면을 요구했다고 그놈을 비난할 수는
없지. 하지만 사실, 그놈이 할 얘기 중에는 대경실색 할
일이 몇 가지 있거든. 해결책은 그놈을 꼼짝 못하게 하는
수밖에 없어.

철문이 철커덕 울리는 소리가 나고 발자국 소리가 다가온다. 여기는 감옥이다. 위뷔가 다가오자 개들이 코를 킁킁거리기 시작한다.

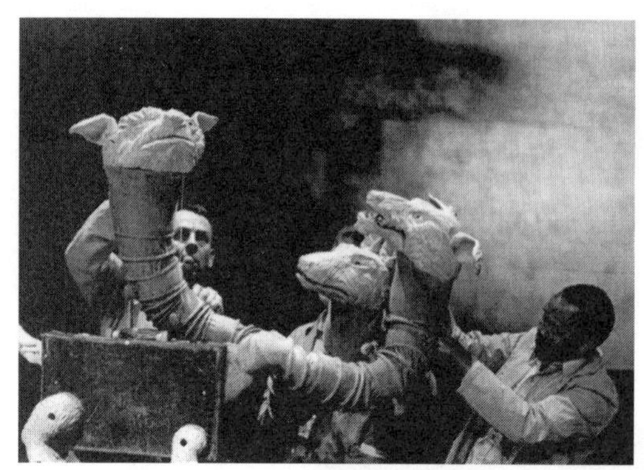

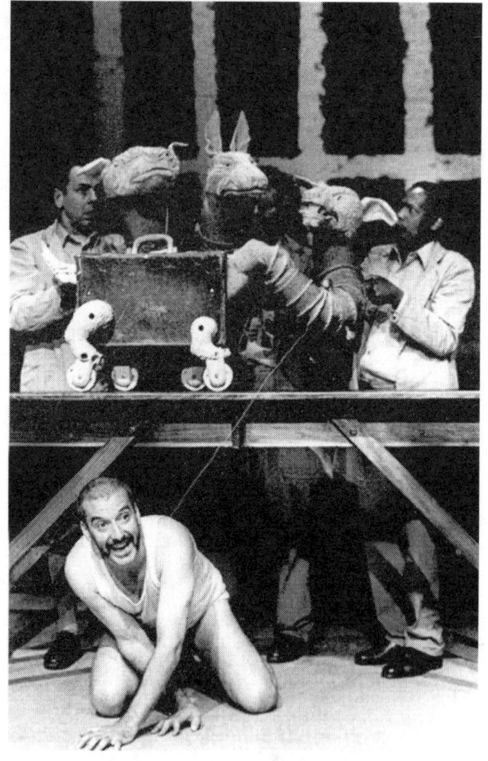

스크린 자막 : 피와 폭약의 냄새.

머   리 1 : 이 냄새가 뭔지 알아!

아버지 위뷔가 들어온다. 그가 도착하자 개들이 낑낑거린다. 아버지 위뷔가 이들을 달랜다. 그는 개들을 데리고 나간다.

아버지 위뷔 : (관객을 향해) 아버지가 항상 말씀하셨듯이, 제대로 하고
           싶으면 직접 해야 하지. 그리고 청소도 말끔히 해야지.

무대 불이 꺼진다. 스크린에 목 매달린 개들의 그림이 나타
난다.

5막 3장

스크린에는 삼각대 모양의 물체가 이리저리 뛰어다니고 있
다. 어머니 위뷔가 들어온다. 그녀는 가상의 군중을 향해 손을
흔들면서 무대 중앙으로 거들먹거리며 걸어 들어온다. 동시에,
아버지 위뷔도 서류 뭉치를 겨드랑이에 낀 채 고의적으로 무
대 중앙으로 걸어온다. 그들은 무대 중앙에서 서로 부딪친다.

어머니 위뷔 : 오! 아, 저, 음, 안녕, 여보.
아버지 위뷔 : 나한테 인사를 했겠다! 이 뻔뻔스러운 할망구 같으니라고!
           (낮은 목소리로, 죽일 듯이) 망할, 부인, 나를 배반하다니.
           마누라란 것은 그토록 성가신 것이어서 본인은 결코 혼인

냄새

폭약의

피와

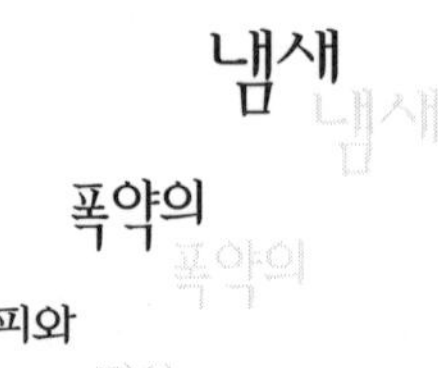

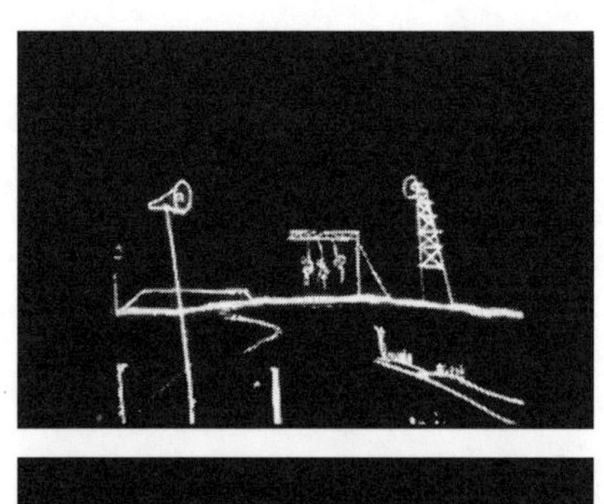

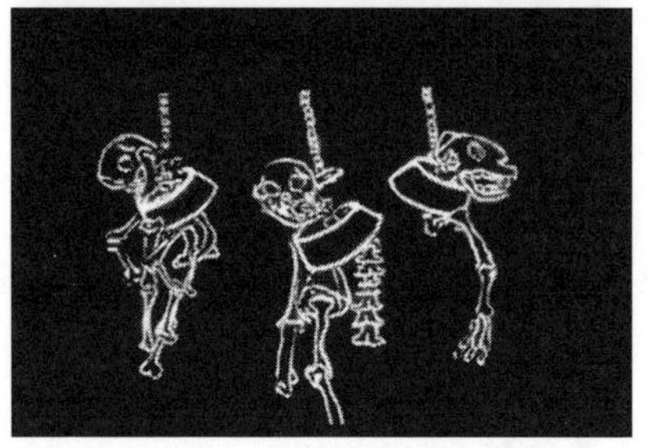

하지 않기로 결심하는 바이다. 하지만, 이제는 너무 늦었
어. 이미 결혼했거든. 그러니 그대는 본인을 거짓 맹세하
는 자로 만든 셈이니 그대를 두들겨 패도 되겠지.

어머니 위뷔 : 뭐 하려는 거야, 이 허풍쟁이야?

아버지 위뷔 : 그대는 본인의 가장 든든한 방어물을 훔쳤도다. 본인의 공
격 기록 말이다. 본인은 더 이상 할 말이 없다.

어머니 위뷔 : 하지만 여보, 다 우리를 위해서야.

아버지 위뷔 : 본인이 그렇게 순진한 줄 아시오? 그대를 위해서 한 일이
겠지. 아버지 말씀이 옳아. 지갑을 채워 줄 수 없다면 결
코 여자를 믿지 말라고 하셨는데.

어머니 위뷔 : 그건 돈 얘기가 아니었어, 여보. 도대체 여자가 뭘 원하는
지 알기나 해?

아버지 위뷔 : 맞아서 찌그러져야 한다는 건 알지.

어머니 위뷔 : 아냐, 이 역겨운 놈아. 그만 해. 참을 수 없어. 더 이상 날
협박하지마. 나도 당신한테 협박할 일이 많은 사람이야.

아버지 위뷔 : 그대 생각처럼 그렇게 많지는 않을걸. 본인이 누굴 아는지
가 문제가 아니라, 그대가 누굴 알고 있는지가 문제니까.
본인은 깨끗이 손을 씻었기 때문에 거의 오점이 없소.

마이크 목소리 : 다음 증인은 앞으로 나오시오. 어 … 위뷔 씨?

5막 4장

스크린 자막 : 위뷔가 진실을 말하다.

아버지 위뷔가 단상에 올라선다. 그는 마이크 하나를 두드린다.

위뷔가

진실을

말하다.

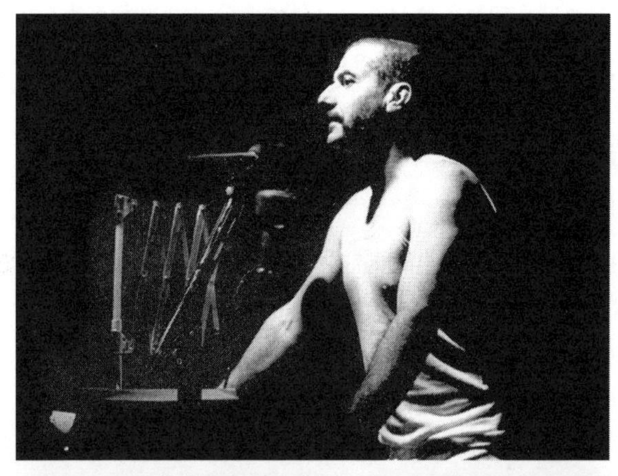

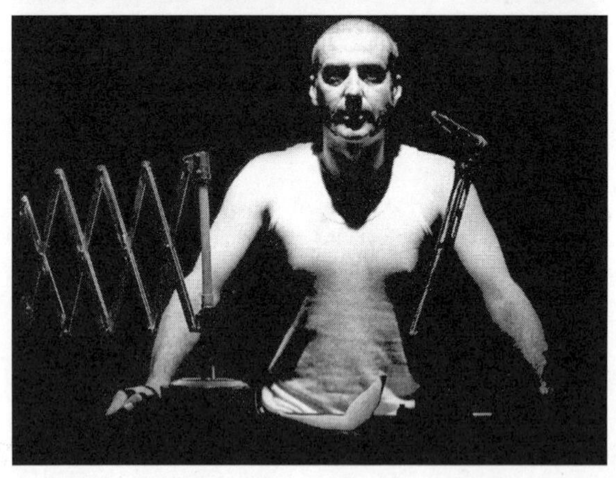

마이크 울리는 소리가 난다. 아버지 위뷔가 말하기 위해 앞으로 한 걸음 나온다. 스포트라이트가 그를 비춘다.

> 아버지 위뷔 : 저는 수치심도 우쭐거림도 없이 여러분 앞에 섰습니다. 저는 괴물이 아닙니다. 저는 정직한 시민이며 결코 법을 어긴 일이 없습니다. 여러분처럼 저도 먹고, 자고, 꿈을 꿉니다. 이 부도덕한 이야기들이 저를 붙잡았습니다. 여기서 무슨 일이 일어났는지 듣고 믿을 수 없었습니다. 이 일들은 제 윗분들과 제 아래 직원들, 그리고 제 동료들이 저지른 것이었습니다. 저 역시 속았습니다! 저는 아무 것도 몰랐습니다.

이제, 연기 스타일이 바뀌어 아버지 위뷔의 연설에서 '저'는 '우리'가 된다. 동시에, 단상 밑에서 조작되는 인형으로 이루어진 마이크가 움직이기 시작하면서 아버지 위뷔의 손을 피하며 그를 놀려댄다.

> 아버지 위뷔 : 저는 가족을 사랑합니다. 그러나 그들의 미래는 사라졌습니다. 예전엔 우리의 운명이 우리 손안에 있었습니다. 그러나 우리에게 대항하려는 국제적인 음모가 우리의 팔을 꺾어 버렸습니다. 이제 우리 아프리카인은 어디로 가야 합니까? 우리 아이들은 굽신거리고, 충성하고, 쓰레기를 뒤지는 노예 중의 노예가 되었고, 우리의 육중한 몸은 채찍에 맞고, 발가벗겨지고, 강간당할 일만 남았습니다. 이런 충성심은 몇몇 작은 나라들을 제외하면 이미 낡은 것입니다. 하지만 아는 것을 비밀리에 행하는 것으로 국민에게

보답하지 않으면 군대가 어떻게 살아남겠습니까? 말씀드리겠지만, 저는 우라질 … 저는 우라질 … 그러니까 저는 우라지게 좋은 부대에서 복무했습니다. 그리고 이들과 함께 복무한 것을 자랑스럽게 생각합니다. 군인이란 직업은 자기 자신을 위한 일이 아닙니다. 진정한 군인은 시민과 조국을 위해 목숨을 내놓을 각오가 되어 있기 때문입니다. 이 나라는 제 나라입니다. 그리고 저는 우라지게 한 판 붙어보지도 않은 채 이 나라를 포기할 수는 없습니다.

아버지 위뷔는 결국 좌절하여 마이크 하나를 손에 쥔다. 그는 이제 매우 차분하고 형식적인 진술을 할 것이다. 이미 앞에서 연습한 것이다.

아버지 위뷔 : 제가 죽을때까지 떠 안고 살아야 할 것이 한가지 있습니다. 그것은 제가 죽인 사람들의 시체이며, 저는 이들은 제 무덤에까지 끌고 가야 합니다. 후회요, 분명히 말하는데, 후회 많이 합니다. 후회막심입니다.

아버지 위뷔가 찬송가를 부른다.

아버지 위뷔 : 한낮에도 이렇게 캄캄하다니, 아버지여,
　　　　　　내 민족을 절망에서 구하기 위해
　　　　　　그 위험한 길을 걸어왔는데도
　　　　　　불의가 내게 죄를 지우는구나.

코 러 스 : 오 보혈이여, 오 보혈이여,

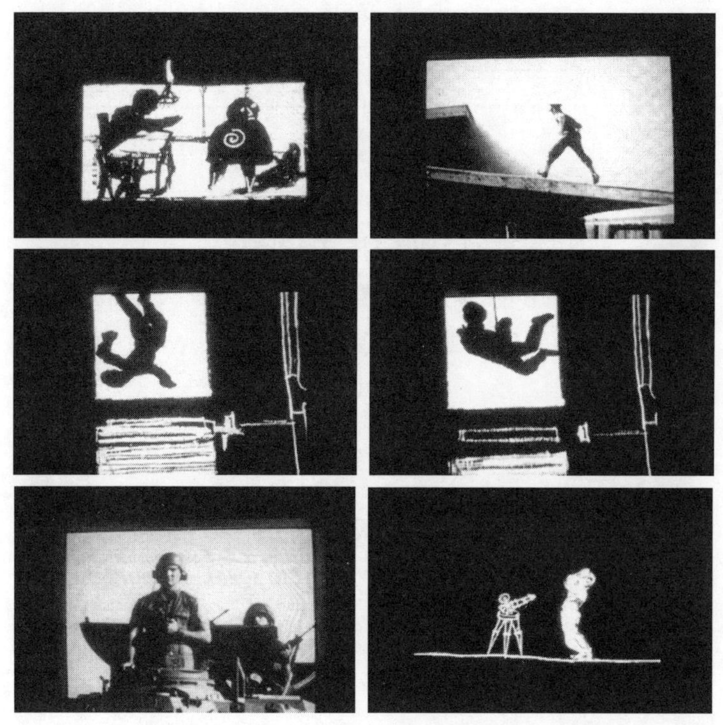

어린양의 보혈로 나를 구원하소서.
넘치게 하소서, 넘치게 하소서,
주의 보혈로 나를 넘치게 하소서.

아버지 위뷔 : 돌이켜보니 그날도 캄캄했네,
주님이 십자가에 달리신 날.
우리 모든 악행을 지시고
이전의 죄를 불태워 버리셨네.

코 러 스 : 오 보혈이여, 오 보혈이여,
어린양의 보혈로 나를 구원하소서.
넘치게 하소서, 넘치게 하소서,
주의 보혈로 나를 넘치게 하소서.

찬송가를 부르는 동안 증거 장면이 스크린에 나타난다.

위뷔의 찬송가가 끝나 갈 때쯤, 남아공 국가를 부르는 대중 합창단의 감칠맛 나는 목소리가 점점 커지다가 관객석을 꽉 채운다. 스크린에는 관중이 투영된다. 아버지 위뷔는 결국 주변에 영상과 음악으로 투영된 대중과 대결하지 못하고 입을 다물어 버린다. 그는 제거되는 동상처럼 강의대 위에 선 채로 퇴장한다.

불이 꺼진다.

위뷔가 찬송가를 부르는 동안,
스크린에는 아프리카 민족 회의가
합법화된 직후 자발적으로 모인
사람들의 축하 행렬에 관한 자
료 화면이 나타난다.

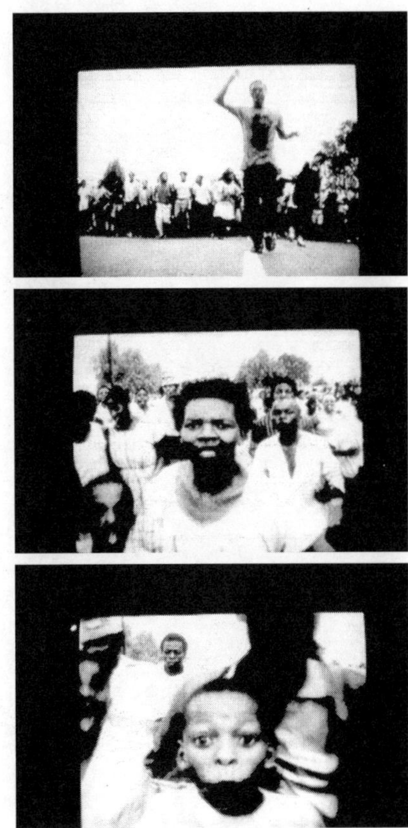

5막 5장

어머니 위뷔와 아버지 위뷔가 보트를 타고 있다. 독수리 인형이 어머니 위뷔의 애완동물이 되어 이들과 함께 있다.

어머니 위뷔 : 바람이 참 시원하네!

아버지 위뷔 : 거의 기적적인 속도로 나가고 있어, 여보, 바람은 차라리
상쾌한 걸. 배가 뒤집히지나 말아야 할텐데!

어머니 위뷔 : 큰 돛은 내리고 작은 돛을 올려야겠어. (아무 것도 하지 않
는다.)

아버지 위뷔 : 세로 돛은 꽉 감아 놔야겠지. (아무 것도 하지 않는다.)

어머니 위뷔 : 여보, 영감. 이렇게 꼭 붙어만 있으면 어떻게 해. 얼마나
더 가야 하지?

아버지 위뷔 : (망원경을 보며) 내 계산으로는 약 삼십 분이면 될 거야.
어쨌든 이틀이나, 사흘을 넘기진 않을 거야. 기껏해야 열
달이겠지.

어머니 위뷔 : 근데, 여보, 저기 물 속에서 가물거리는게 뭐지?

이때 나일즈가 보트를 따라 헤엄치며 등장한다.

나 일 즈 : 여어, 대장, 날씨 한 번 좋지. 항해는 순조롭겠어. 내가 타
도될까?

아버지 위뷔 : 나일즈! 이 친구야! 여기 사르가소(Sargasso)에서 자넬 보
다니 반갑구만. 올라오게!

나일즈가 배 위로 기어올라간다.

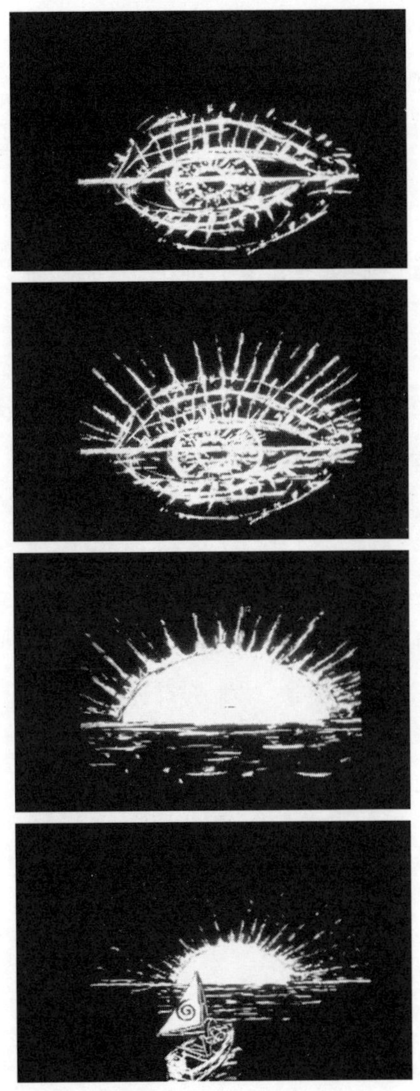

아버지 위뷔 : 자 이거, 마치 그거 같군. 삼인조 말야 ….

나 일 즈 : 브루터스처럼 말이지.

아버지 위뷔 : 어, 그래, 맞어, 바로 그렇군.

어머니 위뷔 : 옛 친구들이 그리워질 것 같애. 하지만, 과거는 잊어야지.
　　　　　　　우린 새출발 하는 거야.

나 일 즈 : 깨끗한 경력.

어머니 위뷔 : 새로운 출발.

아버니 위뷔 : 빛나는 미래.

활대에 앉아 있는 독수리 인형이 반복적으로 날개를 펄럭이며 운다. 다음 자막이 스크린에 나타난다. : 나의 묵은 치즈와 너의 신선한 빵을 합치면 그럭저럭 한 끼 때울 수 있다.

이 자막은 어머니 위뷔와 아버지 위뷔의 보트가 거대한 눈을 향해 바다를 떠가는 영상으로 바뀐다. 이 눈은 지는 해로 변하고, 보트는 수평선을 향해 사라진다.

불이 꺼진다.

  2000년 5월, 전남대학교에서는 광주항쟁 20주년을 기념하는 국제학술대회가 열렸다. 주제는 "역사적 기억, 트라우마, 문화예술적 승화"였다. 이 회의는 우리 한국사회가 갖고 있는 과거청산의 문제 중의 하나인 폭력에 희생당한 자들의 트라우마를 어떻게 학문적으로, 또는 예술적으로 다룰 수 있는가를 논의하기 위한 자리였다. 나는 이 회의에 타이완의 백색테러를 다룬 영화 '비정성시'를 발표하기로 한 작가 남박주와 함께, 시카고대학의 노마 필드 및 최경희교수의 소개로 남아프리카공화국에서 활동하는 제인 테일러를 초청했다. 그녀는 이 초청에 응하여 광주에 왔으며, 자신이 쓴 이 '위뷔와 진실위원회'라는 인형극에 관해 발표했다. 이 회의를 통해 우리는 남아공의 진실과 화해 위원회의 일단을 알게 되었고, 그녀는 '광주'를 알게 되었다. 그녀는 자신의 인형극을 광주에서 상연하지 못한 것을 못내 아쉬워했다. 이 인형극은 이미 세계순회공연을 마치고 일단락을 지운 상태였기 때문이다.

  제인 테일러는 남아공의 케이프타운에서 연극을 공부했고, 케이프타운대학 대학원과 미국 노스웨스턴대학 대학원에서 영문학을 공부했다. 이 '위뷔와 진실위원회'는 그녀가 1997년에 쓴 대본으로, 이를 바탕으로 인형극이 완성되어 아비뇽, 브뤼셀, 로마, 뮌헨, 뉴욕, 워싱턴 등지에서 공연되었고, 책 또한 1998년에 출판되었다.

나는 이 인형극에 접하면서, 한편으로는 극단 토박이의 '금희의 5월'과 '모란꽃'을, 다른 한편으로는 10여 년 전의 광주청문회를 떠올렸다. 청산과 화해에서 문화예술적 이벤트들은 어떤 의미를 가질 수 있을까. 우리가 광주청문회나 이후의 광주특별법, 또는 4·3특별법 제정과정에서 이런 형식의 문화예술적 작품들을 좀더 적극적으로 활용할 수는 없었을까. 이런 질문들이 바로 이 '위뷔와 진실위원회'를 번역하도록 이끈 동기를 제공했다.

마침 2002년 12월부터 전남대학교 5·18연구소는 제주 4·3연구소와 함께 5월운동이나 4·3복원운동 과정에서 생산된 여러 문화예술적 작품들을 수집하고 정리하는 연구를 시작하게 되었다. 이런 맥락에서 이 책이 앞으로의 작업에 조금이나마 보탬이 되었으면 하는 바램이다. 이 책의 번역은 다음과 같은 지침을 따랐다.

1. 연극 대본이므로 원문의 단어 하나하나에 충실하기보다는 자연스러운 우리말이 되도록 의역했다.

2. Pa Ubu와 Ma Ubu는 현대 극단에서 쟈리의 원작 '위뷔 왕'을 번역해 놓은 인터넷 자료에 따라 '아버지 위뷔'와 '어머니 위뷔'로 번역하였다. 대사 속에 나오는 서로의 호칭은 맥락에 따라 적절히 번역하였다.

3. 아버지 위뷔의 대사에 'we'를 주어로 한 문장이 많은데, 저자가 고의로 과장된 고어체의 표현을 사용했다고 지적한 것에 유의하여, 이를 '본인'으로 번역했다. 단, 위원회에서 증언하는 장면에서는 존대 말을 써야 하므로 이 표현이 애매했기 때문에 그냥 '우리'로 번역하였다.

4. 고유명사들은 되도록 그대로 한글 표기하였다. 예를 들

어, Handspring Puppet Company는 '핸드스프링 퍼펫 컴퍼니'로 했는데, '핸드스프링 인형극단'으로 해도 무방할 것이다.
5. 독수리 인형이 말하는 속담들은 적절한 우리나라 속담들을 찾는 게 애매하여 그냥 직역하였다.

마지막으로 어려운 출판계 상황에도 불구하고 항상 전남대학교 5·18연구소의 출판사업에 도움을 주는 경인문화사에 감사를 드린다.

5·18 연구소 학술총서 ②

위뷔와 **진실** 위원회

2003년 2월 10일   초판인쇄
2003년 2월 25일   초판발행

편집·발행   전남대학교 5·18연구소
제작·판매   경인문화사
            서울 마포구·동 324-3
            전 화: 718-4831~2
            팩 스: 708-9711
            kyunginp@chol.com
등 록 번 호   제10-18호
등록연월일   1973.11.8.

※ 파본 및 훼손된 책은 교환 해 드립니다.

ISBN : 89-499-0177-3 93330   값 : 7,000원